碳中和目标下制造业工艺创新财政支持政策研究

姚 芊 著

哈尔滨工业大学出版社

内 容 简 介

制造业的发展越来越受到苛刻的自然资源的约束。技术,尤其是关键技术是企业实现创新发展的核心要素,是企业竞争力的重要组成部分。本书从经济学视角出发,通过对制造业工艺创新经济特征和扩散效应影响因素的分析,重点解析工艺创新在企业利润贡献方面的运作机理,明确工艺创新具备在碳中和目标下推动企业健康发展的微观经济基础,需要国家从宏观经济视角进行相应的财政支持。本书在我国制造业工艺创新财政支持政策体系结构分析的基础上,提出了我国制造业工艺创新财政支持政策体系的功能,对财政支持政策体系的运行模式和运行环境分别进行了细致的研究。

本书适用于创新管理领域的相关研究者及学生参考阅读。

图书在版编目(CIP)数据

碳中和目标下制造业工艺创新财政支持政策研究/姚芊著. —哈尔滨:哈尔滨工业大学出版社,2022.3
ISBN 978-7-5603-6707-1

Ⅰ.①碳⋯ Ⅱ.①姚⋯ Ⅲ.①制造工艺-技术革新-财政政策-政策支持-研究-中国 Ⅳ.①F426.4

中国版本图书馆 CIP 数据核字(2022)第 050452 号

策划编辑	杨秀华
责任编辑	赵凤娟
封面设计	刘 乐
出版发行	哈尔滨工业大学出版社
社 址	哈尔滨市南岗区复华四道街10号 邮编150006
传 真	0451-86414749
网 址	http://hitpress.hit.edu.cn
印 刷	哈尔滨市颉升高印刷有限公司
开 本	787 mm×1 092 mm 1/16 印张 8.5 字数 197 千字
版 次	2022年3月第1版 2022年3月第1次印刷
书 号	ISBN 978-7-5603-6707-1
定 价	45.00元

(如因印装质量问题影响阅读,我社负责调换)

前　言

从目前产业界和学术界针对实现碳中和路径的研究显示,大家的关注点主要放在能源的消耗、使用及二氧化碳的收集等方面。但是现有实现碳中和目标的路径设计是一个庞大的工程,很难实现。首先,风能和太阳能的储电成本远高于火电,电网只能容纳15%的非稳定电源,无法全部承受风能和太阳能发出来的电,因此风能和太阳能的储存是个大问题。而储能技术的进步在现有技术水平下是无法得以实现的。其次,二氧化碳收集后的转化产品无法形成规模化生产,导致生产成本高。那么,如果将碳排放的控制路径推向工业生产流程和产品使用过程,将这两个过程中的能耗控制量降低,是否可行呢?制造业的发展越来越受到自然资源的约束。技术,尤其是关键技术是企业实现创新发展的核心要素,是企业竞争力的重要组成部分。依附于关键生产技术的工艺技术是企业制造能力的真实体现。工艺技术的不断改进和完善是对企业关键技术价值的不断挖掘和提升。因受到资源瓶颈和环境保护的制约,工艺创新具备实现企业投资和生产成本双节约的特质,能够为企业竞争力的发展提供强劲的动力保障。

本书以我国碳中和目标为背景,从经济学视角出发,通过对制造业工艺创新经济特征和扩散效应影响因素的分析,在工艺创新分类的基础上,运用成本分析法,重点解析了工艺创新在企业利润贡献方面的运作机理,明确工艺创新具备推动企业健康发展的微观经济基础和国家进行财政支持的宏观经济特征。工艺创新自身的技术源属性和扩散模式特征使工艺创新具备区别于其他创新形式的、独特的技术传播模式。本书以美国、日本、德国等发达国家的制造业工艺创新为研究对象,分别考察了这些国家制造业工艺创新的发展路径、方式、水平,以及适合本国国情的、有效的财政政策工具;同时,还考察了以印度和巴西为代表的发展中国家制造业工艺创新的发展状况和运用财政政策工具促进工艺创新发展的措施。这些国家的经济实践证明,工艺创新的发展遵循一定的规律和路径。为了促进制造业工艺创新发展,国家的财政政策支持是必需的,也是必要的。因此,本书逐一考察了国家财政科技投入政策、税收政策、政府采购政策和风险投资政策等促进制造业工艺创新发展的作用模型和机理,期望通过对各国各具特色的财政政策工具使用情况的比较,为我国制造业工艺创新的发展提供可借鉴的经验。

制造业工艺创新财政支持政策体系绩效评价对工艺创新财政支持政策发挥良好的促进作用起到了重要的监督和激励作用。因此,本书还在确定财政政策绩效评价目的、原则和指标体系选择标准的基础上,建立了财政支持政策绩效评价体系,并提出了制造业工艺创新财政支持政策绩效评价模型。在我国制造业工艺创新财政支持政策体系结构分析的基础上,提出了我国制造业工艺创新财政支持政策体系的功能,对财政支持政策体系的运行模式和运行环境分别进行了细致的研究,明确国家对工艺创新财政支持路径的选择既要符合本国的制造业企业实际发展水平,又要考虑国家的经济发展战略目标要求。

作者

2021 年 10 月

目　　录

第一章　导论 ··· 1
　　第一节　研究的背景 ··· 1
　　第二节　本书研究的意义 ·· 5
　　第三节　国内外研究动态 ·· 6
　　第四节　研究内容及基本脉络 ··· 21
　　第五节　研究方法 ··· 22
　　第六节　研究的创新之处 ··· 23

第二章　制造业工艺创新的经济学分析 ·· 24
　　第一节　制造业工艺创新的内涵 ··· 24
　　第二节　制造业工艺创新的必要性 ·· 29
　　第三节　制造业工艺创新的宏观经济性分析 ·· 31
　　第四节　制造业工艺创新的微观经济性分析 ·· 34
　　第五节　本章小结 ·· 38

第三章　制造业工艺创新财政支持政策的国际比较 ······································· 40
　　第一节　西方工业强国制造业工艺创新财政支持政策 ··························· 40
　　第二节　典型发展中国家制造业工艺创新财政支持政策 ························ 55
　　第三节　我国制造业工艺创新财政支持政策 ·· 59
　　第四节　国外制造业工艺创新财政支持政策的经验分析 ························ 65
　　第五节　本章小结 ·· 70

第四章　制造业工艺创新财政支持政策的作用机理 ······································· 71
　　第一节　财政科技投入政策对制造业工艺创新的作用机理 ····················· 71
　　第二节　税收政策对制造业工艺创新的作用机理 ································· 74
　　第三节　政府采购政策对制造业工艺创新的作用机理 ··························· 77
　　第四节　风险投资政策对制造业工艺创新的作用机理 ··························· 80
　　第五节　碳中和目标下工艺创新财政支持政策效果一般均衡分析 ············ 85
　　第六节　本章小结 ·· 88

第五章　制造业工艺创新财政支持政策绩效评价研究 …………… 89
　第一节　制造业工艺创新财政支持政策的绩效界定 ……………… 89
　第二节　制造业工艺创新财政支持政策绩效评价目的及原则 …… 89
　第三节　制造业工艺创新财政支持政策绩效评价指标体系的构建 …… 91
　第四节　制造业工艺创新财政支持政策绩效评价模型 …………… 95
　第五节　本章小结 …………………………………………………… 100

第六章　我国制造业工艺创新财政支持政策体系构建 ……………… 101
　第一节　制造业工艺创新财政支持政策体系结构 ………………… 101
　第二节　制造业工艺创新财政支持政策体系的主要功能 ………… 103
　第三节　制造业工艺创新财政支持政策体系运行模式 …………… 105
　第四节　制造业工艺创新财政支持政策体系运行环境 …………… 113
　第五节　本章小结 …………………………………………………… 115

结论及未来研究展望 …………………………………………………… 116
参考文献 ………………………………………………………………… 118

第一章 导 论

第一节 研究的背景

历史的车轮进入 21 世纪后,我国经济发展进入了快车道。2010 年,我国超越日本成为世界第二大经济体。因此,我国经济的发展目标从规模效益转向兼顾规模和质量发展,并注重环境治理。从中国"制造 2025"到"2060 年前实现碳中和",我国在制造业发展的政策和目标导向方面实现了有效的延续和政策指引。无论是"制造 2025"还是"2060 年前实现碳中和",其实现的基础都是我国产业结构的优化和调整,是我国产业中一般制造业的生产技术升级和装备制造业关键核心技术的开发与利用。因此,以活跃制造业工业创新活动、提高一般制造企业技术改造和产业升级,促进装备制造业关键核心技术的开发与利用为目标的国家财政政策和资金的支持是实现产业结构调整和优化的重要政策指引,对我国未来经济的发展具有基础性的调节作用。

伴随着第一次工业革命的出现,人类社会的经济发展突飞猛进,但同时工业发展对地球环境的污染呈现上升趋势,环境污染对工业发展的制约也日渐凸显。只有实现工业发展和环境保护之间的动态平衡,才能确保可持续发展。

温室气体能吸收地面反射的长波辐射,并使地球表面变得更暖。温室气体主要包括水汽(H_2O)、二氧化碳(CO_2)、一氧化二氮(N_2O)、氟利昂、甲烷(CH_4)等,并广布于地球大气中。二氧化碳是植物光合作用合成碳水化合物的原料,其产生的温室效应占总温室效应的 50%,是产生温室效应的主要气体成分。甲烷分子是天然气的主要成分,是一种洁净的能源气体,其吸收红外线的能力是二氧化碳的 26 倍左右,其温室效应要比二氧化碳高出 22 倍,总温室效应的贡献率为 15%。氯氟碳化合物(CFC-11 和 CFC-12)在对流层中是具有化学惰性的,但可在同温层中利用太阳辐射光解掉或和活性氧原子反应消耗掉。一氧化二氮在大气层中的存在寿命是 150 年左右,尽管在对流层中是具有化学惰性的,但是可以利用太阳辐射的光解作用在同温层中将其中的 90% 分解,剩下的 10% 可以和活跃的原子氧(O)反应被消耗掉。按照气候模拟试验的结果,二氧化碳加倍以后,可能造成热带扩展,副热带、暖温带和寒带缩小,寒温带略有增加,草原和荒漠的面积增加,森林的面积减少。二氧化碳和气候变化可能影响到农业的种植决策、品种布局、品种改良、土地利用、农业投入和技术改进等一系列问题。因此,美国环境保护署认定,碳化物气体排放物是"危害公众健康与人类福祉"的主要温室气体,也是引起全球气候变暖的主因。地球大气中二氧化碳浓度增加,主要原因是工业化以后大量开采使用矿物燃料。有效地减少碳化物气体排放不是限制人类的工业化生产,而是在工业化生产活动中尽可能地减少碳化物气体排放。例如,以天然气替代其他燃料,采用高效率或节电设备,使用再生能源(风力、太阳能等),评估及增进废弃物再利用,资源物回收,节约用水,废水减量以降低废水处理负荷,废弃物减量以降低废弃物焚化、掩埋或其他物理化学处理程序的负荷,节约用电,环保产品开发和改良,环境绿化。上述这些有效的减排方法都需要制造业的工艺创新活动协助完成,因此可以说工艺创新具有实现碳减排的属性,是制造业自我更新和升级的有效途径。

第二次世界大战之后,几乎所有的国家都同时认识到制造业的快速发展对国家经济所产生的巨大推动作用。正是在这个时候,美国的一大批在二战时期的军用项目转为民用,这极大地推动了社会生产力的发展,使社会生产率获得了极大提高。这种变化完全有别于英国工业革命导致的社会生产方式的变革,最大的区别是生产技术上决定性的突破。这些技术支持使人类在资源和人力都可企及的前提下,可以通过不断地扩大生产经营规模,增加人力和物力的投入,获得更大的利润,所以各种各样的生活产品被源源不断地生产出来,运送到世界各地。随着各国经济状况的改观、人民生活水平的提高,人们对生活的改善存在着强烈的愿望。面对美国源源不断输送来的各种各样的商品,人们的消费潜在欲望得到了极大的满足。作为对国家经济增长率起着巨大拉动作用的制造业,其发展使美国经济始终处于世界的前列,并且远远地把其他国家甩在了身后。这个时候无论是美国政府还是企业都认为巨大的利润来源于产品的不断推陈出新,产业研究和发展的目的在于获得新产品或改进产品。对这段时期的研究表明:占有收益能力对工艺创新变量,在工艺研究与开发集中度方程中为正值,但不显著。产业集中度在工艺研究与发展回归,比起产品研究与发展回归,有一个大得多的正值系数。除此之外,工艺创新很大程度上是以上游供应者生产的新机器和新材料(产品)的形式实现的。从整个行业价值链的传递方向来看,上游企业进行工艺的研究与开发可以推动创新成果在更大范围内的工业生产中得到应用,它要比机构内部推动的工艺创新和通过专利等限制措施对创新成果的推广更有效。事实上,一直到20世纪70年代,美国的制造业很少有人在产品的生产工艺上进行大量的投资。许多企业认为,除了保密,工艺创新获得的创新收益不像产品创新那样有效,没有什么有效的手段可以用来保证创新收益能够为企业带来长期的收益。企业对工艺创新进行大量的投资,但是工艺创新成果在企业长期的生产过程中很容易被别人知道并掌握,同时专利等手段也只能提供有限的时限对工艺创新成果进行保护,新工艺成果的开发人的收益期也是非常短的。开发人的收益与投入的比率要比新产品开发人的收益与投入的比率小得多。在收益贡献率这方面,对投资人来讲,产品创新的收益贡献率要远高于工艺创新。美国的理论界对工艺创新与产品创新对企业收益贡献大小的研究及美国企业的实践均表明产品创新比工艺创新更具收益上的诱惑力。这样的共识很快被日本企业的产品推翻。美国的制造业在世界市场曾占据绝对的优势,美国制成品占据世界市场份额的40%。20世纪七八十年代,美国制造业的绝对领先优势逐渐被日本的企业所取代,这种取代在某种程度上甚至具有全方位的趋势。美国制造业的国际竞争力被严重削弱,在汽车、钢铁、消费类电子等工业领域的国际市场占有份额大幅度下降,工业品进出口产生了巨大逆差。为了确保国际竞争优势,美国政府推出了一系列促进制造业发展的计划。

工艺创新自创新作为一种新的生产要素进入研究领域以来,学者们的研究成果大都散见于技术创新的相关研究中,没有形成完整的理论体系。相关研究领域学者们的研究成果大都将产品创新和工艺创新进行协同研究,这主要源于工艺技术依附于企业关键生产技术而生,工艺创新作为技术创新的重要组成部分,与产品创新具有高度的关联性。熊彼特在其著作《经济发展理论》一书中开创了创新研究的先河,指出技术创新是国家经济发展的驱动力,如果模仿者在原始创新的基础上加以改进,使自己也成为创新者,就有更多的成功地实现目标的可能性。他认为,创新就是将一种在生产中从未使用过的生产要素和生产条件的"新组合"引入生产体系,建立一种新的生产函数,从而将技术进步和创新因素由外生变量转变成为对经济发展产生影响的内生变量。随着创新研究活动的展开,学者们从不同的侧面对技术创新进行了研究。由熊彼特的追随者们建立的新熊彼特学派继承了熊彼特经济分析的传统,侧重研究企业的组织行为、市场结构等因素对技术创新的影响。新古典学派将技术看作一种公共商品,具有创新收益和非独占性,强调适当的政府干预和政策支持将极大地促进技术创新在经济发展中的带动作用。制度创新学派利用新古典经济学理论中的一般静态均衡和比较静态均衡方法,对技术创新的外部环境进行制度分析,侧重外部环境制度尤其是产权制度对技术创新的决定作用。国家创新系统学派侧重分析技术创新与国家经济发展水平和速度的关系及技术创新国家动力系统的研究,将创新置于国家系统中,强调国家专有因素对技术创新的影响。

经济发展实践和理论研究均表明,企业技术的发展及工艺创新活动对一国经济发展的推动作用是重要的。具体体现在以下几个方面。

一、制造业是促进国民经济增长的重要推动力

制造业是国家经济系统的重要组成部分,是国民经济发展的命脉。制造业的发展关乎国家经济增长的速度、水平和质量。随着主导设计、敏捷制造、虚拟制造、精细制造、清洁能源、低碳经济等多种名词的不断涌现,我们发现制造业承载着越来越多的国家和社会经济发展的重任。有关统计数据表明,我国制造业增加值在国内生产总值中所占的比重一直维持在40%以上,我国财政收入的一半来自于制造业,制造业吸收了50%的城市就业人口,农村剩余劳动力转移也有将近一半流入制造业。20世纪90年代以来,制造业的出口一直维持在80%以上,创造了接近75%的外汇收入。目前我国制造业仍然处于世界制造业运作流程的原料与生产阶段,低附加值和高能耗使我国制造业的发展受到了极大的制约。为了更好地发展我国制造业企业的制造能力,提升我国制造业在国际制造业运作过程中的位置,获得高额利润,我国应大力发展制造业工艺生产技术,激发制造业企业从事工艺创新活动的活力,提高我国制造业的制造能力。

二、工艺创新为制造业提供了新的发展途径

1. 工艺创新是制造业不断提高经济效益的客观要求

一定的工艺技术水平决定了企业经济效益的大致区间。工艺技术水平凭借企业生产的物耗、能耗和效率等途径影响企业的可变动生产率,进而降低产品成本和提高产品质量。制造业的工艺技术水平通过影响生产过程中各种投入资源变换率来推动企业经济效益的提高。在工艺技术水平不变的前提下,管理方式和手段的强化可以在某种程度上提高企业的劳动生存率和效益,但是要想持续不断地提高企业的经济效益,最终的途径就是不断地开展工艺创新。

2. 工艺创新是制造业开展其他创新的技术保障

企业产品在市场上表现的好坏直接影响着企业的收益水平。消费者的购买是对产品市场表现的最直接的评判,而消费者评判的标准就是"物美价廉"。要达到这样的消费要求,企业需要在产品成本、品质和品种等多个方面不断努力。

除了工艺创新,创新还包括产品创新、制度创新、组织创新和新材料创新。无论怎样的创新形式,最终都要归结为两个目的:提高劳动生产率和增加企业经济效益。而达到这两个目的的唯一的、有效的解决方式是工艺创新。制造业进行工艺创新不只是新的生产工艺技术产生,还包括先进的生产设备的引进和改良。有了良好的生产设备和先进的生产工艺,生产成本的降低和劳动生产率及产品质量的提高就成为可能,进而可以推动产品创新成果的产业化、商品化,获得创新收益。反之,如果制造业不进行工艺创新,就会导致生产设备陈旧,生产工艺落后,使工艺创新成为其他创新的发展瓶颈。

3. 工艺创新可以延长企业获取创新收益的时间

现代科技的发展使生产者可以用一种完全不同的技术和原料生产出相同的产品。当新产品推向市场,获得极大成功的时候,模仿者的迅速跟进使企业的创新收益大打折扣。企业一般采用专利来抵御这种迅速的进攻,当专利失效后,产品在市场上失去垄断性,其获得市场收益的能力迅速下降。另外,有些专利技术的技术商品化的过程所需时间很长,许多专利在新产品生命周期的初期就已经失效。而工艺创新在这方面就会做得更好,可为拥有创新专利的企业提供期限更长的保护,客观上形成一个模仿的时滞,从而延长企业获取创新收益的时间。

三、制造业工艺创新财政支持的必要性

自技术创新进入理论研究领域以来,工艺创新就一直处于被弱化的位置。这里面有工艺创新不能迅速适应市场化的问题,也有社会、企业忽视工艺创新在推动经济增长中作用的问题。制造业的工艺创新尤其需要政府提供的政策扶持,主要缘由如下。

1. 制造业工艺创新的发展符合国家发展战略方向

装备制造业的发展水平是一个国家技术发展的重要体现。发达国家通过大力发展装备制造业,实现对一般制造业的调整和控制。装备制造业的工艺水平直接影响国家一般制造业的制造能力,进而影响国家制造业的整体发展水平。我国对制造业企业工艺创新行为的政策支持通常都是并入技术创新的政策支持中,并没有一套完整的工艺创新财政支持体系。现有的制造业企业工艺创新政策目标、政策工具大都与产品创新相一致,工艺创新活动涉及人才、资金、信息等诸多方面的支持和激励措施,在政策目标、政策工具的一致性方面有更高的要求,而技术创新政策体系受产品创新的影响和所针对产品创新客体活动类型的影响,常常会制定出一些与产品创新相关的政策措施,这些措施与工艺创新活动所需求的政策措施存在不一致性,使得制造业企业工艺创新活动受到不同程度的影响。为了消除这种影响,就需要构建独立的制造业企业工艺创新财政支持体系,尽快减少资源浪费,提高工作效率,降低生产成本,走绿色发展之路。

2. 制造业工艺创新缺乏市场化,急需政府财政扶持

工艺创新具有提高制造业企业经济效益、提高劳动生产率、延长创新企业的领先时

间、加强企业市场竞争力和产品创新能力的重要作用。可以说在未来的竞争中,谁掌握了先进的工艺技术,谁就能在市场竞争中立于不败之地。但由于更新设备、改变工艺需要投入大量的时间、财力、物力、人力,而且工艺创新不如产品创新能很快带来经济效益,所以制造业企业很少愿意从事工艺创新,导致工艺落后、消耗增多、环境污染、浪费资源、成本增加。因此,政府应对符合国家产业政策和技术政策的制造业企业的创新行为予以资金扶持,大力促进制造业企业的研发,达到减少废物和污染物的生产和排放、降低工业活动对环境的威胁、减少成本和物耗的目的,并以此来促进制造业企业工艺创新活动的市场化,形成制造业企业开展工艺创新活动的良性循环。

因此,对制造业企业工艺创新进行财政支持,将制造业企业工艺创新纳入技术创新体系中,与产品创新形成并行发展的趋势,是更好地发挥技术创新推动国家经济增长的重要手段。这对我国的产业结构调整和优化,鼓励和促进制造业企业工艺创新的发展有着十分重要而深远的意义。

第二节 本书研究的意义

高度发达的制造业和先进工艺技术的广泛应用是衡量一个国家经济竞争力的重要标志,已成为提高企业核心竞争力的关键因素。美国在20世纪70年代由于忽视了工艺技术的发展,制造业第一强国的位置被日本夺走。日本、德国凭借制造业和先进的工艺制造技术,以"制造救日本",实现了经济上的飞跃,创造了后进国家赶超发达国家的经济奇迹。

我国的制造业以轻工、加工贸易为主,机械制造业和高新技术制造业近年来也得到了长足的发展,发展前景广阔,与发达国家的竞争日益激烈。随着环境污染的日益严重和资源的不断减少,我国制造业企业运用原料生产成本优势创造价值的能力变得越来越弱。如果我们不能在每个生产环节形成资源配置的优化,不能提升生产系统的制造能力,我国的产业调整和优化将形同虚设,中国制造将会被其他拥有更低廉成本的国家和地区所取代。2021年1月,国家统计局发布数据显示:2020年全年货物进出口总额321 557亿元,比上年增长1.9%。机电产品出口增长6%,占出口总额的59.4%,比上年提高1.1个百分点。一般贸易进出口占进出口总额的比重为59.9%,比上年提高0.9个百分点。2020年12月份,货物进出口总额32 005亿元,同比增长5.9%。其中,出口18 587亿元,增长10.9%;进口13 419亿元,下降0.2%。进出口相抵,贸易顺差5 168亿元。2021年3月,海关总署发布数据显示:2021年前两个月,我国货物贸易进出口总值5.44万亿元,同比增长32.2%。其中,出口3.06万亿元,增长50.1%;进口2.38万亿元,增长14.5%;贸易顺差6 758.6亿元,去年同期为逆差433亿元。

工艺技术在当前发展制造业过程中的作用比过去任何时候都更突出、更重要。发达国家的很多企业都十分重视工艺创新。曼斯菲尔德的调查表明:日本企业64%的R&D费用被用于工艺开发,36%用于产品开发。德国对工艺创新与产品创新投入的比例为4∶1。因此,我国应该加大对制造业企业工艺创新行为的支持,帮助我国的制造业企业迅速完成制造能力的提升。在生产技术水平一定的情况下,制造业企业工艺创新的发展对企业收益的影响具有决定性。制造业行业整体的制造业能力的提高,是国家国际竞争力提高的前提。所以对制造业企业的工艺创新行为进行财政支持具有现实和战略意义。

本书在学术价值方面丰富了制造业企业工艺创新理论。结合制造业企业工艺创新的特点和相关经济理论,对制造业企业工艺创新的经济特征进行了分析;同时,在财政政策与经济增长相关性分析的基础上,将制造业企业工艺创新纳入经济分析系统中,通过对制造业企业工艺创新扩散效应的途径、作用机理等方面的分析,丰富了制造业企业工艺创新理论。

在实践意义方面,本书为提升制造业企业竞争力和政府制定工艺创新政策体系提供建议。制造业是国民经济的基础,而工艺创新是制造业发展的重要手段之一,所以构建制造业企业工艺创新的政策体系,加大对工艺创新的财力、人力、物力的投入;建立工艺创新的文化理念;加大对工艺创新改进的政策性倾斜,从而提高制造业企业加工效率,减少成本、减少能耗、减少污染,这对努力改变制造业技术创新实力和提升其持续竞争优势有很重要的作用。目前对工艺创新政策体系的构建在理论界还是空白,所以本书在此领域的研究工作在如何发挥工艺创新在制造业企业应起的作用和如何构建制造业企业工艺创新的财政支持体系等方面,将对政府、企业制定提升制造业企业工艺创新的策略提供一些可借鉴的政策建议。

第三节 国内外研究动态

在展开研究工作之前,需要区别几个与工艺创新相近的概念,以界定本书的研究范围。

工艺创新指企业通过研究和运用新的方式方法和规则体系等,提高企业的生产技术水平、产品质量和生产效率的活动。企业工艺创新的过程大体可分为工艺研发阶段和工艺创新由研发环节转移或导入制造环节两个阶段。根据创新活动的目的及中心内容,工艺创新可分为6种类型:围绕提高产品质量等级品率的工艺创新,围绕减少质量损失率的工艺创新,围绕提高工业产品销售率的工艺创新,围绕提高新产品产值率的工艺创新,围绕节约资源、降低成本的工艺创新,围绕有益于环境的工艺创新。

围绕提高产品质量等级品率的工艺创新以产品质量等级品率作为表征质量水平和技术规格符合度的指标。为提高产品质量等级品率,企业必须在工艺技术、工艺管理和工艺纪律3个方面协调创新,忽视其中哪一方面,都可能使产品质量和优等品产值率无法得到保证。

围绕减少质量损失率的工艺创新以质量损失率作为表征质量经济性的指标,企业工艺要在设计、工艺技术等软件方面和材料、设备等硬件方面进行协调配套创新。质量损失率是一定时期内企业内部和企业外部质量损失成本之和占同期工业总产值的比重,是衡量废品率和企业经济损失的关键指标。

围绕提高工业产品销售率的工艺创新以工业产品销售率作为表征市场化的指标。企业通过工艺创新既能生产独具魅力的物化产品,又能提供优质的服务产品,进而吸引顾客、拓展市场、扩大销售。工业产品销售率是一定时期内销售产值与同期现价工业产值之比,它反映产品质量适应市场需要的程度。

围绕提高新产品产值率的工艺创新以产品产值率作为表征企业技术进步状况和工艺综合性水平的指标。产品产值率是一定时期内新产品产值与同期工业产品产值之比,它反映新产品在企业产品中的构成情况。现代企业的生产往往需要由多种学科、多种技术综合成的工艺技术,尤其是技术密集型创新产品。该项指标展示了新的工艺技术与产品寿命周期信息流、物质流和决策流之间的有效控制与协调,以及其适应市场竞争对生产和管理过程提出的高质量、灵活响应和低成本的要求。

围绕节约资源、降低成本的工艺创新在当今传统自然资源日益匮乏的现实情况下,通过改进原有工艺,科学、合理、综合、高效地利用现有资源,或是采用新工艺、开发利用新的资源,可以使企业节约能源,降低物耗、能耗、降低产品成本。

围绕有益于环境的工艺创新满足了低污染或无污染对企业生产及其产品的越来越突出的要求,通过工艺创新,企业可以减少生产过程的污染,提供无污染的产品。

近年来,在工艺创新的研究中出现了一个与工艺创新相近的概念——绿色技术创新,甚至还有研究人员提出了绿色工艺创新的概念。绿色技术创新也称为生态技术创新,属于技术创新的一种。一般把以保护环境为目标的管理创新和技术创新统称为绿色技术创新。绿色技术是指遵循生态原理和生态经济规律,节约资源和能源,避免、消除或减轻生态环境污染和破坏,生态负效应最小的"无公害化"或"少公害化"的技术、工艺和产品的总称,是一种与生态环境系统相协调的新型的现代技术系统。对绿色技术创新的界定,主要有两种方式:从绿色技术创新特征入手,概括主要特征得出定义;从生产过程考虑,对绿色技术创新过程做系统描述。

从产品生命周期的角度分析,绿色技术创新是指在创新过程的每一阶段整合环境原则,以实现产品生命周期成本总和最小化为目的的技术创新,是绿色技术从思想形成到推向市场的全过程。也就是说,这一技术的开发具有明显的任务特征和目的性。在开发之初就要考虑制造和营销环节对环境的影响,将环境作为技术开发和设计的首要考虑因素。因此,有人也称这一过程为绿色经营链。随着研究的深入,有的学者将绿色创新管理独立出来进行研究,研究的范围涵盖从绿色产品设计、绿色材料、绿色工艺、绿色设备、绿色回收处理、绿色包装等技术的创新到制定绿色企业管理机制、绿色成本管理创新、采用先进生产方式、建立绿色营销机制、建立绿色网络化供应链、建立环境评价与管理系统的绿色生产管理创新。

综上所述,无论是绿色技术创新,还是包含在绿色技术创新研究范围内的绿色工艺创新,与工艺创新相比较,其差异导致了两个方面的结果:其一是绿色技术创新或者绿色工艺创新的研究工作引入了环境生态的要素,并将其作为研发新技术和新工艺的首要考虑因素,这与我国在现阶段提出的到2060年前实现碳中和的愿景目标相契合;其二是新价值理念的引入导致原有的工艺创新管理评价体系过时,需要对原有体系进行修正和变革。

一、制造业工艺创新领域研究动态与成果回顾

1. 工艺创新相关影响因素研究

(1)技术因素的影响。

Abernathy 和 Utterback(1975)提出了 A-U 技术创新动态模型,在这个模型中他们

引入了技术生命周期变量,分析了产品创新和工艺创新随技术生命周期变化的规律。他们认为,企业的产品创新活动和工艺创新活动是相互关联的,在产品寿命周期的不同阶段,对两种创新类型的侧重是不同的,这两种类型的创新活动相对重要性在不同寿命周期阶段交替变化。根据产品寿命周期的变化,技术创新模式有重大产品创新与渐进工艺过程创新、重大工艺创新与渐进产品创新、重大产品创新与局部工艺过程创新相结合 3 种。随后他们在 1978 年将技术生命周期进行了细分,分别研究了企业处于不同技术生命周期中技术创新率的变化强度:在技术发展初期即不稳定阶段,产品创新率高于工艺创新率,主要应采取重大的产品创新和渐进的工艺创新;在过渡阶段,产品创新率降低,工艺创新率上升并超过产品创新率,创新活动要转换到工艺过程的创新,以满足新产品对新工艺的要求和通过工艺创新手段来扩大生产能力、降低成本;在稳定阶段,产品创新率和工艺创新率都降低,两者之间比率趋于平衡,创新活动的分布仍是工艺过程创新和渐进性的产品创新相结合。产品处于衰退期时,由于受到市场需求、技术进步等外界因素变化的冲击,企业要考虑下一轮重大产品的创新和局部的工艺过程创新。Abernathy(1983)等将技术因素与市场因素相结合,提出了技术创新的 ACK 跳跃矩阵模型,研究在两种不同因素作用下技术创新强度的变化规律。工艺创新研究是以技术为切入点的,对工艺创新的研究就是对生产技术的变革和重大改进。

随着对制造流程认识的不断深入和现代科学技术的发展,人们发现工艺的发展受到多种因素的影响,工艺创新不应局限于加工方法的突破,而应包含多种技术手段,是企业生产方式的革命。企业工艺创新过程实质上是一个技术问题的解决过程,而技术问题的解决通常是通过搜寻和选择的反方向循环来进行的。Demirel 和 Kesidou(2011)将环境创新分为末端治理技术、清洁生产技术和环境研发 3 种,研究了环境管制、环境税等对企业进行环境保护方面创新可能性的影响,研究发现不同类型的环境创新类型有不同的决定因素。Río 等(2011)的研究将环境创新分解为末端治理技术创新和清洁生产技术创新,证实了环境技术的投资与严格的环境管制和实物资本强相关,采用末端治理技术和清洁生产技术的决定因素很可能不同。周华等(2012)将环境技术创新分解为清洁生产工艺创新和末端治理创新,分别研究了排放标准、排污费、补贴和排污许可证价格 4 种环境政策工具对环境技术创新模式选择的影响。李婉红等(2013)用结构方程模型验证了 3 种环境管制工具对绿色产品创新、绿色工艺创新和末端治理技术创新的影响。内生性研发、技术引进及消化吸收、国内市场需求、排污收费制度对清洁生产技术创新具有显著积极影响,而国内技术购买、技术改造、对外直接投资、市场制度和企业规模对清洁生产技术创新具有抑制作用;内生性研发、外商直接投资、国内市场需求、"三同时"制度、污染治理成本对末端治理技术创新具有积极影响,而技术改造、对外直接投资、市场制度对末端治理技术创新具有消极影响。

(2)生产供给因素的影响。

学者们的研究成果还涉及工艺创新与制造企业相关生产因素之间的因果变动关系。Hayes 和 Wheelwright(1979)建立了产品-工艺矩阵模型,将不同类型的生产企业置于生产工艺阶段和产品生命周期二维矩阵模型中,研究处于不同产品和工艺结构阶段的企业生产工艺的选择问题,如图 1.1 所示。

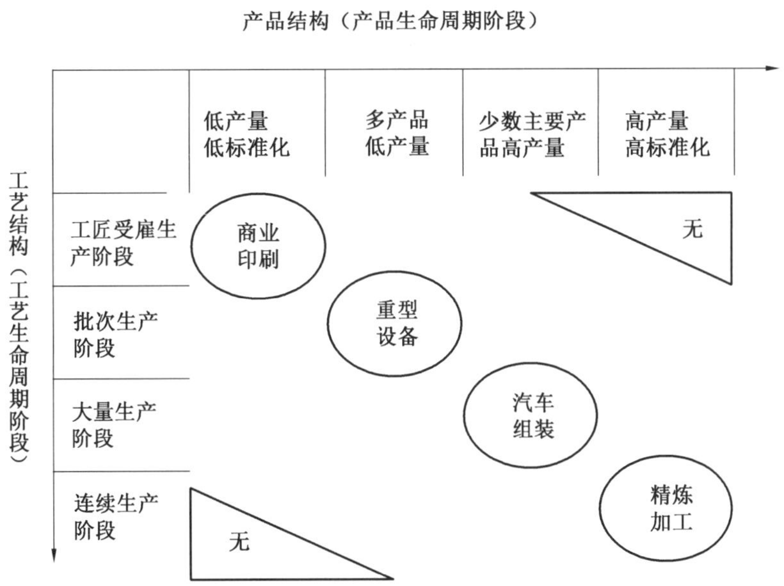

产品结构（产品生命周期阶段）

图 1.1　产品-工艺矩阵模型

他们认为，位于矩阵对角线右边的企业，应减少产品改变，采取更稳定的产品策略；位于矩阵对角线上边的企业，应减少资本密集工艺，使其工艺过程更灵活；位于矩阵对角线下边的企业，应注重机械化、低成本、高效率和刚性的工艺过程。

大企业在规模经济和示范效应、技术力量和技术储备、投资能力、信息能力和风险承担能力、调动多种手段垄断技术、防止模仿等方面具备强大的优势，因而在形成了新产业的主导技术和组织规模之后，进入成熟阶段并进行新一轮的技术创新时，成为控制产业中工艺创新的主要力量。小企业则在企业内部机制运转方面具备大企业不能比拟的灵活性，但是由于资金和技术人才的短缺，小企业的技术创新模式应避免投资大、时间长的项目，重在强调技术开发中的高效率、高收益。美国中小企业厅的《中小企业白皮书》指出，从平均技术开发所需时间看，大企业为 3.05 年，中小企业只有 2.22 年。Gilbert(1982)在宽松的条件下利用博弈分析研究了公司规模与工艺创新之间的关系，得出结论：在小公司（进入者）拥有新产品专利之前，大公司（在位者）的垄断利润高于行业的利润，因而倾向于工艺创新。Scherer(1991)从美国制造业数据中提炼出相当多的证据，来证实大企业比小企业更注重工艺创新。Vivero(2001)比较了西班牙生产企业工艺创新与产品差异和企业规模之间的关系，得出结论：产品差异与工艺创新动机之间存在着非线性关系，当企业产品存在一定程度的差异时，企业规模对工艺创新起着重要的作用。随着企业规模的扩大，企业中的工艺创新所占比重会逐步增大，相对产品创新而言，工艺创新与企业规模相关性更大。Cohen 等(1996)发现，企业花在工艺 R&D 的精力和资金随着企业规模的扩大而增长。他们认为，这是由于生产过程相对于产品创新而言，工艺创新较少通过市场转移，并且在刺激企业发展方面作用并不明显造成的。企业选择不同的生产流程会产生不同的竞争优势，当技术创新与企业生产规模不相匹配时，将直接影响企业的绩效。在大规模定制类型的企业中，先开发新产品，后确定制造工艺，一个工艺过程只对应一种产品，如果产品退出市场,相应的工艺方法必然被淘汰。因此,工艺过程对产品变化具有较强的适应能力,个性化的新产品从灵活、敏捷而又长期稳定的过程中生产出来。规模定制企业真正的技术创新体现在加工和装配的过程中,生产过程中的工艺创新是这类企业技术创新的主要类型。

工艺创新活动的强度还受到企业获取创新资源成本的约束。企业创新引入时的价格越高,企业越趋向于通过工艺创新(而非产品创新)获取创新收益,企业进行工艺创新的动力越强。任峰(2003)以我国国有企业为样本,将企业财力作为一个新的变量引入企业不同产品生命周期技术创新策略选择影响的研究中,通过对问卷调查数据的相关分析得出结论:在产品成熟期进行创新的企业相对于在成长期的企业而言,其产品创新的力度明显降低;在产品衰退期进行创新的企业相对于在成熟期的企业而言,其工艺创新的力度明显降低。在一个完整的产品生命周期中,我国国有企业产品创新的程度始终大于工艺创新,企业的成长期是创新的重点阶段。在企业的成熟期,财力限制因素是企业创新活动低下的原因。

Martiniz-Ros(2000)采用1990—1993年西班牙生产制造企业数据,用随机效果概率模型,分析了外在变量对创新活动的影响和产品创新与工艺创新之间的相互影响关系。其研究结果表明,产品创新和工艺创新有着密切的关系,决策者的能力和经验对决定创新类型选择有重要影响。

(3)市场需求因素的影响。

当产品需求富有弹性时,因成本降低会给企业带来巨大的利润,将促使企业从事工艺创新;反之,因需求增加而带来巨大利润,将促使企业从事产品创新。在离散消费者类型的垂直差异化垄断市场中,创新成本、不同的消费者类型分类对产品创新和工艺创新产生互补性的影响。当消费者需求多样性不重要时,在市场完全覆盖范围内更有可能进行单独的工艺创新。这个结论符合发展中国家的经验。当产品同质时,企业更倾向于同时进行产品创新和工艺创新。企业的创新活动与竞争状况有关:当产品竞争不激烈时,产品创新和工艺创新明显较少;当产品竞争不太激烈时,产品创新和工艺创新活跃,产品创新频率明显加快;当企业产品竞争过于激烈时,工艺创新就摆在企业发展的最优先位置。

工艺创新对市场绩效的影响主要取决于产品创新水平,这是Kotabe(1990)运用回归分析得到的结论:企业产品创新水平相对较高时,将会在工艺创新方面给予更多的投入,从而获得更大的市场绩效。企业产品创新是必要的,但市场绩效并不完全取决于产品创新,还要注重工艺创新。西班牙生产制造企业技术创新活动经验表明:不同产品需求类型的企业创新活动是不同的,产品需求缺乏弹性的企业偏好工艺创新,而产品需求富有弹性的企业则偏好产品创新,产品创新和工艺创新在一定程度上是互补的。劳可夫构建了消费者创新性影响绿色消费行为的假设模型,并据此设计了调查问卷开展实证研究,研究结果表明,消费者创新性会显著影响绿色消费行为。

(4)产业组织因素的影响。

Pavitt(1984)的研究指出:纺织、制衣、皮革、印刷与出版、木制品、采掘业、电力、蒸汽热水等"供方支配"部门的技术创新主要集中在工艺创新、运输设备、部分耐用电子消费品、金属制造、食品、部分化学工业、水泥、玻璃、冶金、部分电气机械等"规模密集"部门,工艺创新与产品创新并重。侯铁珊等(2004)通过对我国制冷家电和纺织品服装行业的技术创新实践模式进行分析,建立了"需求拉动的产业链创新动态过程 A-U 模型"(简称 D-A-U 模型),分析绿色壁垒引致的需求拉动出口产业链技术创新效应。Filson(2002)研究了个人电脑行业企业研发费用和企业规模、利润的关系。运用曲线拟合分析,发现该行业 20 世纪 70 年代以产品创新为主,20 世纪 80 年代中期产品创新比率下降,而 20 世纪 90 年代中期产品创新比率再次上升。大企业倾向于选择工艺创新,小企业则倾向于选择产品创新。在微电子行业等规模集约化的产业中,由于市场的激烈竞争,主导设计是不断变化的,产品创新和工艺创新呈现同方向增长趋势。材料企业往往在重大产品创新后,围绕核心技术不断实施渐近产品创新,依靠工艺创新不断提高材料的性能和降低成本,企业研究开发的投资重点也由产品创新为主转向改善工艺流程和扩大企业的生产规模,以期不断扩大产品的市场份额。

产业集聚度越高,企业低端技术创新选择的概率越大,企业的"创新惰性"则越强。原因为:制造业产业集聚对"政策租"的过度依赖延缓了其对创新压力的感知,致使企业技术创新的选择倾向于低端化。另外,金融发展作为联结政府行为和市场选择的宏观制度变量,对产业集聚与企业的"创新惰性"之间的关系起到显著的正向调节作用。因为金融发展方面的相关影响,导致产业集聚更加追求短期利益,造成企业创新的融资约束和提高创新成果的商业化成本,从而加深了产业集聚背景下形成的"创新惰性"问题。

金融发展能够为企业家衍生及集聚创造外部融资的支持,是产业集聚形成的外部动力。产业集聚本身能够显著降低企业的融资成本,同时由市场主导的产业集聚还能够提高信贷资源的配置效率。因此,金融发展能为微观经济个体的技术创新提供有力的融资环境。此外,地方政府还通过实施金融性政策来干预企业的投融资行为。例如,投资导向下政府干预产业集聚的指令性信贷扩张政策。这类金融性政策往往被地方政府作为干预产业发展规模与结构的金融手段,但该类政策会降低产业内部的关联性,使得并不具备关联性的企业为了追逐"政策租"而形成表面上的空间集聚,从而弱化产业集聚的技术溢出效应。值得关注的是,金融发展水平越高,集聚区内企业增加的速度就越快,有限市场与资源的竞争就越大。在这种激烈的竞争环境下,产业集聚更加追求短期利益,从而造成企业创新的融资约束和提高创新成果的商业化成本。因此,企业放弃高投入、高风险的研发创新的动机就越强,转而投资那些低成本、见效周期短的技术创新模式。有研究表明,在制造业产业集聚度较高的地区,激烈的市场竞争导致创新易被模仿,企业的创新效应低下、积极性不高。同时,在政府主导的转型经济技术创新背景下,金融危机尽管能使外部环境更加重视企业的创新支持,但却未能有效提升其自发创新的动机与意愿。

(5)宏观经济因素的影响。

对技术创新的宏观经济影响因素的考量始于国家创新系统学派的兴起。国家创新系统学派兴起于 20 世纪 80 年代末期和 20 世纪 90 年代初期,侧重分析技术创新与国家经济发展实绩的关系,强调国家专有因素对技术创新的影响,将创新作为国家变革和发展的关键动力系统。弗里曼(Freeman)和纳尔逊(Nelason)是最早提出并使用国家创新系统这一概念的学者,他们最初比较分析了美国和日本资助技术创新的国家制度系统,指出现代国家的创新系统在制度上相当复杂,它们既包括各种制度因素和技术行为因素,也包括大学、政府机构等。近年来,国内外学者在这方面进行了卓有成效的研究。刘洪涛等(1999)认为,在计划经济中,政府作为创新、投资的主体所固有的数量增长冲动,导致新产品的产生主要依赖于新建企业或生产线来实现,而不依赖于企业自觉的生产者——用户交互作用;由于创新的最终实现者——企业的动力、能力乃至权力均不足,企业比较自愿的创新虽然可能是过程创新,但为数也不多。陈劲(2000)提出国家技术发展系统框架,研究在国家创新系统框架内如何从技术引进走向自主技术创新的国家支撑体系。

发展中国家从发达国家引进技术后进行二次创新,在二次创新中,被引进的技术需要根据当地的条件进行改良与变革,所以工艺创新的频率高。这样可以解决原来的产品在新生产地生产的问题。在赶超型国家工业化的早期阶段,技术重点放在工程管理和有限的开发上,而不是放在研究上。通过消化吸收引进技术,本国的企业可以由模仿性分解研究来开发相关产品,而不需要外国技术的直接转让。沿着获得、消化吸收和改进的轨迹,赶超型国家中的企业走的是发达国家研究、开发和工程管理的反向道路。

绿色技术创新与企业环境绩效之间存在显著的正相关关系;财税激励与企业环境绩效之间存在显著的正相关关系;财税激励能够显著增强绿色技术创新对企业环境绩效的影响作用。

(6)环境规制政策因素的影响。

许庆瑞等(1998)结合后发国家的产业创新规律创建了3-I模型,即模仿(imitation)、提高(improvement)、创新(innovation)模型,强调国家经济的可持续发展依赖于技术创新,特别是绿色技术的开发和扩散。在绿色技术创新中,要特别重视适合我国国情的适用性污染预防技术的采用。近年来,为实现工业绿色增长,我国政府将污染物总量显著减少作为经济社会发展的约束性指标,并制定和实施了大量环境规制政策,如提高行业准入门槛和排放标准、关停污染严重的企业、建设生态工业园区等,2021年甚至提出2060年实现"碳中和"的远景目标。环境规制影响工业绿色增长的过程机制尚不明确,有必要做深入探讨,以便更好地引导工业绿色转型。徐薛飞(2020)使用2011-2017年我国34个工业行业面板数据验证了环境规制对工艺创新和产品创新均有激励作用,但对工艺创新的激励作用更大;工艺创新和产品创新都能促进工业绿色增长,但产品创新的贡献更大;两种创新形式在环境规制对工业绿色增长影响中均起部分中介作用,但产品创新的中介作用略大。这一研究结论表明,产品创新是工业企业应对环境规制、实现工业绿色增长的最佳战略选择。该研究结论不仅解锁了环境规制影响工业绿色增长的中间过程机制,同时也对绿色转型中工业企业如何在环境规制约束下选择创新形式具有指导意义。

2. 工艺创新动力模式研究

在工艺创新的严格理论和实践研究的基础上,中外学者们还试图对工艺创新的动力模式进行探索。他们将工艺创新的影响因素进行不同程度的结合,提出了工艺创新的多种动力模式。例如,单纯地以技术因素为推动力建立起来的技术推进模式;以市场需求和消费者偏好等需求因素为动力建立起来的需求拉动模式;将技术因素和需求因素结合起来建立的技术-市场互动模式等。

(1)技术推进模式。

熊彼特认为,科学技术上的重大突破都会引起技术创新活动并形成高潮,技术创新的动因在于科学技术发展的推动作用。技术创新的新熊彼特学派坚持熊彼特创新理论的传统,强调技术创新和技术进步在经济发展中的核心作用。以卡曼为代表的新熊彼特学派在 20 世纪 60 年代提出了技术创新扩散模型,开创了技术作为推动经济发展动力研究的先河。Abernathy 和 Utterback 于 1975 年提出了技术创新的动态模型——A-U 模型,研究创新类型和创新强度在不同技术生命周期变化的规律。在 A-U 模型中,他们研究在技术作为唯一动力的一维状态下,工艺创新和产品创新强度的动态变化水平。Utterback(1994)将 A-U 模型做了改进,引入装配产品和非装配产品分类,分别研究技术跨周期变化对技术创新模式的影响。Roy Rothwell(1983)提出了技术创新过程交互作用模型。Kelin 和 Rosenberg 提出了技术创新过程的链式模型。郭斌(1999)通过对我国某企业进行案例分析后得出,产品创新与工艺创新之间存在明显的交互作用;工艺技术的演进轨道不仅由技术因素所决定,还受到新工艺技术的采纳成本等经济因素制约;并且产品平台与工艺平台的交互作用存在不同的关联模式。

(2)需求拉动模式。

美国经济学家 Schmookler(1966)首次提出技术创新需求引致假说。他认为,专利活动和其他经济活动都以追求利润为目标,必然受到市场需求的引导和制约。Mayers 和 Marquis(1969)对 5 个产业 567 项创新成果进行了一项抽样调查,调查结果表明实际中的技术创新约有 36.4% 是以市场需求或生产需求为出发点的。根据抽样调查结果,Marquis 提出了技术创新需求(市场)拉动模型。按照这一模型的描述,创新是由企业感受到的市场需要所引发的,技术创新起源于社会需求,社会需求是拉动或牵引技术创新的主要动力。Utterback(1993)、Von Hippel(1988、1994)等人的研究成果也从实证的角度证明了这一理论。Brouwer 和 Kleinknecht 对欧盟统计局共同体创新调查(CIS)库中 8 000 家德国企业 1990—1992 年间的数据进行了检验,认为需求增长是引致创新产出增加的主要因素。Crépon 根据法国 4 164 家企业技术创新数据,发现研发投入强度、专利数量和创新销售收入都受到需求规模的驱动。Hall 通过对法国、日本和美国高科技企业的比较研究,得出销售收入增长促进研发经费提高的一致结论。

(3)技术-市场互动模式。

技术-市场互动模式综合了技术推进模式和需求拉动模式的动力因素,强调在技术创新过程中技术和市场需求二者的配合与协调。这种模式克服了技术引导和需求激发模式的弊端,较全面地反映了技术创新的发展过程,是一种市场、企业互动发展的模式,适用于绝大多数企业。褚东宁和刘介明(2005)从工艺创新的含义和企业的实际运作出发,提出了工艺创新的两种驱动模型,讨论了模型的适用范围和产出效益,实现了对工艺创新驱动源的探索。

刘国新等从产业组织角度研究了已进入市场的企业和新进入市场的企业在创新动力上的区别,指出在不同情况下企业创新动力分别受到 3 个效应的支配,即沉没成本效应、替代效应、效率效应,对不同类型的企业,这 3 个效应交替或同时产生作用,但作用的强度具有差异性;R&D 溢出的存在是客观的,它对企业创新动力有重要影响。当溢出较低(或为 0)时,竞争性的企业比合作性的企业在 R&D 上投入更多;反之,当溢出较高时(或完全溢出时),合作性的企业则会在 R&D 上投入更多。

(4) N-R 约束动力模式。

Hicks(1932)认为,要素稀缺引致发明创新,要素相对价格的变动既可引致要素的替代,也可引致发明创新。在短期中,一旦要素价格改变就会引起创新。在长期中,由于人们会追求闲暇,劳动力的价格相对其他要素价格不断增长,因此,受价格因素影响的创新趋于稳定,而受需求增长的创新则呈现与收入相关联的变化,收入越高,需求层次提升越快,要求自主创新的价值越高。

斋藤优(1993)提出了论述国际技术转移内动力和充分条件的 NR 关系论。他认为,一个国家的经济发展及其对外经济活动,受该国的国民需求 N(Needs)与该国的资源 R(Resources)关系的制约,一个国家的国民需求与该国的资源关系相适应。如果 R 不足以满足 N,就形成"瓶颈",必须设法解决,否则就会阻碍经济发展。新技术的出现能够节约资本、劳动,节约原材料甚至发现新的原材料,从而弥补 R 的不足,使 R 适应 N。经济就在这种从不相适应到互相适应再到新的不相适应的循环中发展。

Rosenberg(1976)从资源供给的不确定性形成的"瓶颈"角度研究了技术创新的动力问题。他认为,阻碍生产发展的"瓶颈"因素形成了一种压力,诱导厂家围绕这些"瓶颈"因素进行创新。如果发明和技术方案设计已经完成,以创新技术为基础的投资也已进行投入,突然出现所设想的原料供给或能源供应中断,创新者会为挽救创新的沉没成本而选择替代性原料,从而引发原料方面的创新。即使没有发生原料供应中断,创新对原料的耗用也会导致市场供给紧张、原料价格上涨,减少创新者利益,而诱使创新者对原料替代物进行创新。

3. 工艺创新经济模型研究

早期技术创新的研究主要是从定性方面展开的,随着技术创新在推动经济发展过程中的良好表现,学者们逐渐开始利用获得的企业和行业数据,运用相关分析、回归分析方法进行技术创新的相关实证研究。但是需要特别指出的是,一些学者试图将技术创新置于严格的经济学模型中,以期证明技术创新作为一种新的生产力要素,在经济理论发展中的重要作用。

Reinganum(1983)建立了不确定工艺创新博弈分析模型,认为如果大公司在工艺创新方面投入较多,则赢得专利竞赛机会将增加。Boone(2000)将竞争压力对企业投资产品创新与工艺创新的影响置于两阶段确定性博弈分析模型中进行研究,指出加大竞争压力会提高行业内工艺创新投资。Rosenkranz(2003)创建了消费者有产品多样化偏好的双寡头垄断的两阶段博弈模型,指出在完全信息下的两阶段博弈分析中,如果消费者有产品多样化的偏好,当生产技术稳定、产品性能标准化、价格成为影响企业成功的重要因素时,创新的重点就从产品创新转移到工艺创新。

Haworth 等(1998)建立了只有一个垄断者有创新机会的垂直产品差异化模型,分析垄断竞争者如何在古诺竞争和伯川德竞争下进行产品创新和工艺创新的选择。研究结果表明:在竞争不激烈的时候(古诺竞争),高质量(生产高质量产品)的公司倾向于选择工艺创新;在竞争不激烈的时候(伯川德竞争),低质量(生产低质量产品)的公司倾向于选择工艺创新。Filippini 和 Martini(2004)扩展了 Haworth 等建立的垂直产品差异化模型,他们在其建立的模型中加入了垄断竞争者可以同时决定采取创新活动的限制条件。在两种竞争机制下,出现了两类均衡结果:一是两种对称的均衡结果,低质量和高质量的公司选择同种类型的创新(产品创新或工艺创新);二是一种不对称的均衡,高质量公司选择产品创新,低质量公司选择工艺创新。Lin 和 Saggi(2002)创建了产品差异化双寡头垄断模型,运用三阶段博弈分析方法,得出了基本相似的结论。但是他们同时指出:在伯川德竞争和古诺竞争同时存在的条件下,企业不能进行工艺创新,如果企业进行工艺创新,那么产品创新投入将随之大幅增加。企业之间进行半合作(只有产品创新合作)会促进产品创新和工艺创新的共同发展,而企业之间进行全面合作(产品创新合作和工艺创新合作)则相反。Petsas 等(2005)建立了生产差异化产品的双寡头垄断模型,研究企业在古诺-纳什产量竞争下企业规模对工艺创新和产品创新研发选择的影响。研究表明:在既定的产品研发体制下,随着企业将更多的努力投入产品创新,企业从产品创新转移到工艺创新的动机增强;如果企业处在工艺研发体制下,企业将无限期地进行工艺研发。

二、财政政策工具效应研究

近年来,国外在财政政策方面的研究主要侧重于非线性条件财政政策效果研究,即将财政政策效果置于非 IS-LM 线性模型中,通过对消费、支出、投资、收入等各种影响因素的考察,揭示财政政策效应的有效性。Giavazzi 和 Pagano(1990)通过对丹麦和爱尔兰政府在 20 世纪 80 年代财政政策的研究表明,传统的凯恩斯理论给出的财政政策挤出效应影响因素对过去几次财政调整中私人消费的剧烈变化并不能给出令人信服的解释。Alesina 和 Ardagna(1998)以 OECD 国家 1960—1994 年数据为样本,利用 Probit 模型检验发现,财政政策调整的幅度和结构是影响财政政策对私人投资挤出效应的重要因素。Blanchard(1990)认为,消费者如果能够预期到扩张性财政政策下中国债券的水平临界值,在非线性条件下,高额的税收会使私人永久收入增加,消费上升。Feldstein(1982)认为,如果财政态势影响到金融部门和实体经济的运行,提高税收就可以降低国债的违约风险和相关成本,私人部门由于预期收入的提高而增加现时消费,此时私人部门的反应完全依赖财政政策的取向,财政政策的挤出效应将消失。Sutherland(1997)提供了另一个证实预期能引发财政政策非线性效应的模型。Giavazzi 和 Pagano(1995)通过分析 19 个经济合作组织(OECD)国家数据发现,如果财政紧缩和扩张的幅度很大且持久,通过政府支出、税收和转移支付的变化,基本可以消除财政政策对私人投资的挤出效应。私人部门对未来劳动和资本收入的预期至少是部分地减弱了财政政策挤出效应的发生;基本结构预算余额占潜在 GDP 比率累计变化在 5% 以下时,政府消费与私人消费正相关;当变化在 5% 以上时,两者负相关。Van Aarle 和 Garretsen(2002)研究了 14 个欧盟国家 1990—1998 年财政调整与私人消费之间的关系后发现,政府支出对私人投资的挤出效应不明显,而转移支付和税收具有明显的挤出效应。Barro 和 Cordon(1983)也论证了实施功能财政政策,产出并没有系统性提高,而社会却承受了较高的通货膨胀。王立勇和高伟(2009)对中国政府支出和税收的非线性效应进行了经验检验,结果表明,中国财政政策具有显著的非线性效应:政府消费在 1978—1980 年和 1984—1997 年对私人消费产生显著非凯恩斯影响;在相同时期,税收对私人消费也存在非凯恩斯影响,但并不显著,政府投资对私人消费不存在非线性效应。

林金忠(2000)等通过引入政府发行债券所产生的财富效应拓展了IS-LM模型,并认为:挤出效应的存在与否及挤出的幅度大小并不是可以简单判断的,而是取决于IS和LM曲线的性质及多种经济参数变动值。我国经济运行中有关参数的性质及其变动趋势是:一方面,t和c使财政支出乘数下降,导致财政扩张政策的弱化;另一方面,h、b和k使挤出增加,使财政扩张政策效力进一步衰减。刘溶沧、马拴友从实证角度分析了赤字、国债与利率、私人投资和经济增长的关系,认为我国的赤字、国债规模没有产生挤出效应,不但财政赤字没有使利率上升,而且财政投资也未挤出私人投资。我国地方财政支出的增加无论在短期还是长期,都将有效拉动地区经济增长,但财政政策凯恩斯效应的取得将取决于地方政府偿债能力的高低。当地方政府具有较高的收入能力及税收水平时,其经济性政府支出及转移支付的增加在长期内都能提高消费水平,而低偿债能力政府的积极财政政策对消费却存在挤出效应,且转移支付的增加无法对私人消费产生影响。我国积极的财政政策的实施对利率几乎没有产生实质性的影响,对投资额的影响更小,所以基本上不存在挤出效应。总需求的扩大可能会通过加速器效应使投资额增加。要减少财政政策的挤出效应,政府投资就必须要有所选择,要尽可能地避免与民间投资发生冲突。我国货币供应量在很大程度上是外生的,政府增加支出并不一定会带动货币供应量的增加。如果政府增加支出,同时又保持货币供应量增长率不变,那么其扩张效果就会被货币政策抵消很大一部分。我国目前的利率管制制度使得利率水平对财政赤字的反应灵敏度很小,公债利率对银行利率没有推动作用。因此,财政赤字基本不会通过影响利率水平而排挤民间部门投资支出。不仅如此,我国的财政赤字还可能对民间投资具有一定的"拉动效应"。马拴友利用IS-LM模型测算积极财政政策的效应发现,1998—2000年,财政投资没有挤出私人投资,购买支出和居民消费总体上是互补关系而不是替代关系,增加财政支出不会挤出私人消费。在就业方面,3年实行的积极财政政策分别促进非农就业增长0.57%、0.73%和0.70%。财政政策通过消费和投资两种渠道发生非凯恩斯效应,是因为存在预期效应、财富效应和替代效应。郭庆旺、贾俊雪利用面板数据模型和时变参数模型分别考察了积极财政政策对我国区域经济增长和差异的影响,分析表明,积极财政政策对我国区域经济增长具有较强的促进作用,其中对西部地区的正向影响力度最大,中部地区次之,东部地区最小;积极财政政策并没有有效地缩小我国区域经济差异,反而促使我国区域差异进一步增大,但影响力度逐年减弱。陈洪灿和黄敬前指出:长期实行积极财政政策容易产生路径依赖性,从而一定程度上阻碍我国经济的市场化进程。积极财政政策的短期有效性将会无形中增加政府财政政策扩张的惯性,特别是当其他社会投资和居民消费尚未有效启动时,政府对财政扩张的依赖性加大,从而使扩张性财政政策趋于不断强化。一旦政府的投资效率低于民间投资,这种自我强化的积极财政政策必将逐步对民间投资产生"挤出效应"。

杨巧通过凯恩斯总需求理论和李嘉图等价定理比较分析,结合我国20世纪90年代末期经济数据,得出结论:凯恩斯理论在我国是成立的。我国的积极财政政策是没有产生挤出效应的制度原因,没有挤出效应仅是积极财政政策增长效应的必要前提,并不必然表明具有挤入效应。国内宏观经济中出现的通货紧缩状况和人民币的升值压力使得中央银行再次启动利率杠杆,与此同时,2002年的预算财政赤字突破了3 000亿元。央行第8次降息后,货币政策的操作空间进一步受到挤压,而积极财政政策的操作空间也因为财政风险、挤出效应和紧缩效应的存在而相应减小。实施短期需求管理与长期供给政策相结合的宏观经济政策组合成为可供参考的一种选择。财政部办公厅积极财政政策课题组从利率变动和资金挤占两方面对 2006 年的数据做了实证分析,得出了挤出效应存在但不严重的结论。随着人们收入水平和有效需求的不断提高,供给可能发展成为矛盾的主要方面,调整供给将显得越来越重要。治理办法在于把政策导向和市场机制有机地结合起来,压缩无效供给,发展有效供给,实现结构升级换代。吕炜、储德银以 24 个 OECD 发达国家 1980—2007 年的跨国数据为例,运用 GMM 估计实证检验了政府消费、税收和转移支付对私人消费的影响。研究发现:一是在特殊财政时期,无论财政紧缩抑或财政扩张,财政政策对私人消费都具有显著的非凯恩斯效应;二是相比财政扩张时期,紧缩时期非凯恩斯效应产生的可能性更大;三是紧缩时期的转移支付对私人消费的总效应表现为非凯恩斯效应,这一结论支持国外理论界提出的财政紧缩扩张效应假说理论。郭建强从财政政策有效性的微观基础居民消费入手,在基于居民最优决策行为的基础上,构建了中国加总社会消费函数,并利用经验数据,对改革开放以来中国居民的消费行为进行了经验分析,得出财政政策对总需求波动具有明显的稳定效应。但稳定效应的微观基础不是来自于有限期界的居民消费决策行为,而是来自于中国存在较高比例的流动性约束消费者,流动性约束使得居民的消费行为对当前收入变化表现出较高的敏感性。市场机制与宏观调控密不可分,宏观调控目标应锁定在经济结构调整、经济增长模式转变方面,宏观政策操作应注重对称性,以降低金融体系的过度顺周期性,宏观调控手段(财政政策与货币政策)须搭配使用。

刁厚勤以中国转型为背景,从一般财政政策挤出效应的观点出发,从两个方面分析政府实施相对稳健和部分积极性财政政策的有益性:一方面,制度缺陷造成消费行为,尤其是投资行为表现出特殊性,是造成资金市场有效供给矛盾——资金相对过剩的主要原因;另一方面,转型时期的利率对投资的调节作用也不同一般情况。转型时期是上述几种矛盾共同作用的结果,经济运行中的主要问题是调动投资资金的有效使用,而不是担心财政资金对资金市场构成的压力,财政政策的挤出效应是相对的。财政政策的有效性不仅受乘数大小的影响,更重要的是经济系统中有无挤出效应。挤出效应包括 3 种情况,即 IS-LM 框架下利率的提高、MF 模型中本币的升值及 AD-AS 框架下价格水平的上升。产生挤出效应还有一个与财政政策相关的重要因素——赤字和发行公债等。发行公债是国家信用的一种形式,为弥补赤字,大量发行公债,向公众借款,这是政府筹集财政资金的主要手段。当公众出于对国家债券的高度信任感而争购公债时,政府在总储蓄的占有上处于优势,政府借款的比重越大,就有越来越多的私人借款者借不到资金而被挤出货币市场。加上赤字支出促使利率上升,必然会挤出一部分私有企业的投资。1996—2008 年,财政政策具有凯恩斯效应,这期间我国经济开始遭受有效需求不足的困扰。本书利用 1997—2008 年月度数据对 1997 年以来的财政政策效应进行稳健性检验,再次证明 1997 年以后,我国财政政策呈现显著的凯恩斯效应。最后,本书检验发现,财政初始条件和财政调整幅度等影响主体预期的因素不是我国非线性效应产生的必然原因。尽管稳定性财政政策宏观调控的长短期效应还存在很大分歧,但并不表明财政政策不可以充当稳定经济的角色,相反,分歧只能说明稳定性财政政策有效性需要一定的条件。当政府考虑对私有部门危机实施干预时,就需要极度谨慎和自制,而且干预的影响可能会持续很久,因为政府可能会开创许多干预先例,而这些先例后来会成为进入各种私有部门市场的借口。要推进体制市场化,完善政策效应传导机制;要政策配合多元化,发挥政策综合效应;要加快工具新型化,促进政策手段协调;要使合作领域重点化,重视特定领域配合。科技费、救济及其他费用与基本建设费对产出与居民消费有较明显的长期效应,事业费对产出与居民消费的短期效应明显,长期效应较弱。

三、工艺创新财政支持政策研究

1. 财政科技支出政策研究

Haland 和 Hans(2007)论述了科技的研发政策和创新的关系,强调研发政策对创新的重要性。莫燕等根据 2000 年我国全社会 R&D 资源调查结果和最新的科技统计资料,分析了我国及我国主要地区的科技投入现状,通过与主要发达国家和发展中国家科技经费结构和发展的一般规律的对比,提出了合理、有效的科技投入结构模式。陆惠琴等分析了现行科技投入体制的现状及存在的问题,总结了制约科技投入形成良性循环的主要原因,指出了科研院所科技投入体制改革的方向与目标,并提出了构建科技投入良性循环机制的对策。吴辰运用散点图的分析方法,根据各国的实际情况,对表征国家科技投入强度的 R&D 经费占 GDP 的比重及每万名从业人员中 R&D 人力的数量进行了国际比较研究。通过科技投入强度散点图的研究,并从多层次、多角度进行国际比较研究,得出规律:世界大部分国家科技投入的强度划分与经济水平的划分有类似之处,可以分为初级发展阶段、中等发达阶段和发达阶段;不同发展阶段的国家其经费和人员的匹配水平不同。江国钧、牟发兵等对湖北省财政科技投入模式进行研究,针对科技经费筹集额中财政科技投入的比重偏小、财政科技投入强度不高等问题,提出要保持湖北省财政科技投入总量增长,投入结构逐步向合理化方向发展的建议。马晓红等对福建省科技投入、科技产出进行了客观评价,分析了影响投入、产出的原因,提出了提高福建省科技投入、产出效益的政策建议。彭鹏、李丽亚对"九五"以来我国财政科技投入的总量和结构进行了深入分析,指出了我国财政科技投入在总量、结构和管理中存在的问题,并提出了具有针对性的建议。杨桂梅、李树人等特别强调了财政科技投入在 R&D 投入的地位,分析了在现阶段必须依法确保财政对 R&D 的投入强度,同时必须调整财政对 R&D 的投入结构和方式,不断提高 R&D 投入的效益。这些文献在继承前人成果的基础上,结合国内实际,通过对我国财政科技支出的分析,探讨优化财政支出结构和加快财政支出管理制度改革的途径,通过调整财政科技支出结构转变地方经济增长方式。

2. 税收政策研究

贝里·布泽曼(Barry Bozeman)和阿尔伯特·N.林克(Albert N. link)认为,税收优惠政策比较持久、稳定,与其他财政政策相比,更容易促进企业的技术创新行为。科技税收优惠或 R&D 税收刺激是政府为实现科技进步的政策目标,在法定基准纳税义务的基础上,对一部分负有纳税义务的组织和个人免除或减少一部分税收。Gordon(1998)指出,应积极利用企业所得税低于个人所得税的特点,鼓励企业主动承担创新风险。David

(2000)认为,创新的不确定性和金融市场中的信息不对称问题导致了R&D支出水平较低,税收优惠只会刺激企业R&D投资的短期行为,并不能使企业承担高社会回报、低私人收益的项目,直接的财政支持可能是更好的选择。Hall和Van Reenen(2000)研究表明,税收优惠减少了R&D活动的边际成本,并且认为只要R&D投入的真实成本不增加,就不会对相关产业的R&D支出产生挤出效应。Hall(2002)认为,政府应当采取直接支付或税收优惠等措施支持企业的研发行为。

Mansfield和Switzer(1984)对税收政策效率做了实证分析,通过收集到的加拿大企业部分样本数据分析得出结论:R&D税收激励对公司R&D产生微小影响,政府的投入产出效率低。Baily和Lawrence在1981—1989年通过对美国12种行业进行研究发现,这些行业的R&D价格弹性接近于1。Guellec和Van Pottelsberghe(2003)的研究结果表明,税收激励对于R&D支出有一个负的价格弹性,R&D税收激励促进了社会R&D活动。Cullen和Cordon(2002)探讨了税收体系对于企业家活动的潜在效应,他们通过1964—1993年美国的数据发现,实证研究支持以上结论。Centry和Hubbard(2000)也提供了经验研究证据,累进的个人所得税率将会削弱企业家承担风险的能力,不利于经济中"破坏性"创新活动的发生。

陈晓等(2001)利用线性回归方程考察了我国增值税与R&D投入之间的相关关系,发现增值税与科研投入之间并不存在显著的负面影响。曾国祥(2001)、石林芬等(2003)从不同的角度详细地介绍了西方国家对于企业科技创新制定的税收优惠政策。吴秀波(2003)对我国R&D支出税收激励进行了实证分析,认为我国当前税收政策对于研发支出刺激强度有限。胡卫和熊鸿军(2005)在会计核算系统中考察了税收优惠政策刺激企业R&D支出的过程与原理。左浩泓(2005)认为,我国税收优惠政策偏重于生产投入环节,有利于我国工艺创新的发展。黄鲁成等(2005)的回归分析结果表明,我国技术引进经费与研发支出之间存在明显的替代作用。

3. 政府采购政策研究

恩伯特(Nugent)在分析了韩国近25年来中小企业的发展情况后,建议政府提高在中小企业中的采购比例和为其提供更多的政府技术项目,以促进中小企业及其技术创新的发展。休特恩(Houttuin)认为,尽管创新取向的政府采购政策执行比较困难,但仍然是创新财税政策的一个重要组成部分。

4. 风险投资政策研究

国外学者研究发现,单纯依靠内部融资是无法保持企业持续成长的,当企业规模扩大时,它们必然会增加对外部融资的需求。资金短缺可以说是目前制约企业及其技术创新的主要因素,各国政府已采取各种措施来解决企业及其技术创新对资金的需求问题。发达国家主要通过创业板市场、风险投资等解决这一问题。Murray的研究表明,欧洲一些国家和日本风险投资业不发达的一个重要原因是,缺乏一个向高科技企业倾斜的、健全的、高度发达的二级证券市场。范柏乃等的研究指出,税收负担过重是影响我国高科技产业对风险资本有效需求的主要障碍因素。申曙光、辜胜阻等人认为,政府在发展风险投资中应该发挥重要的引导和扶持作用,但政府不宜成为风险投资主体,否则容易导致效率不高,并会削弱民间资本进入风险投资领域的积极性。

安·萨克什尼安(1994)指出,硅谷和128号公路产生差异的原因在于制度环境和文化背景的不同,128号公路倾向于投资政府和成熟的大公司的创新研发成果,而硅谷则侧重于为小企业的创新活动提供重要的机会。1996年OECD的一项调查表明,受风险资本支持的企业推动经济增长的能力明显强于大公司,他们在创造工作机会、开发新产品和取得技术突破等方面表现突出。Samuel Kortum和Josh Lerner(1998)收集了美国20个产业30年来的数据作为研究样本,结果表明,某一行业的风险资本与该行业的发明专利数量呈正比例关系,其对产业的创新贡献率可达15%左右。Tomas Hellmann和Manju Puri(1999)收集了硅谷高技术产业公司的数据资料,研究表明,在投资者类型与产品市场空间之间存在显著的联系,并且风险资本对创新型企业具有潜在推动作用。德国学者Dirk Engel(2002)通过对有风险投资扶持企业和无风险投资扶持企业的比较,研究了风险投资在促进小企业生产和提高就业方面的作用。研究结果表明,获得风险投资扶持企业的经济效益增长率和就业增长率均高于同类无风险投资扶持的企业。Winston T. H. Koh和Francis Koh(2002)的研究认为,美国依赖于技术优势而成为世界经济强国与硅谷的成功运作息息相关,证实了风险投资在经济增长和技术创新方面发挥的重要作用。Josh Lerner(2003)研究了世界范围内风险投资业对技术创新的作用。研究结果表明,风险投资活动的活跃程度确实会影响技术创新强度,但实际统计数据表明,其影响程度并不是非常大。Claire Champenois、Dirk Engel和Oliver Heneric(2004)的研究结果表明,20世纪90年代后期,德国风险投资更倾向于年轻的、具有较强创新性的、有一定技术平台的生物技术开发公司,这一点明显区别于传统的投资公司。

四、国内外研究现状评述

国内外学者对工艺创新的发展研究在刚刚开始的几十年成果颇多,但是其理论的发展并没有形成一个完整的体系,仍然是松散的、不系统的。如果说不断发展的技术创新理论并没有为技术创新政策的设计与工具选择提供充分的理论依据,只在一定程度上为政府提供了如何促进技术创新的着眼点,那么工艺创新发展研究则处于一个更低的水平。这主要是由于工艺创新研究的发展时间不长,学术界、产业界及政府部门之间在完善技术创新动力机制是由市场选择还是由政府选择技术创新发展速度和方向等问题上存在着极大的争议,并且技术创新政策赖以制定的理论基础还相当不完善。

事实上,我们注意到,在工艺创新财政支持政策研究方面,这种情形表现得更加突出。我们只能获得在工艺创新过程中对工艺创新产生影响的因素有哪些,但并不知道哪个因素更重要;在复杂的经济社会,哪种因素可以成为政府政策制定的着眼点;等等。

具体来说,该领域的研究发展趋势应在以下3个方面得以体现。

1. 工艺创新相关影响因素与财政支持政策系统研究

国内外学者对工艺创新相关因素的研究成果主要集中在技术、市场需求、企业生产、国家宏观经济等几个方面。目前工艺创新相关影响因素的研究仍然较为分散,对工艺创新的影响因素进行综合、全面分析的研究较少。事实上,只有将工艺创新的相关影响因素的研究与国家财政政策体系相结合,进行系统、全面、综合的研究,才能使工艺创新的相关因素研究工作更加具有实践意义。

2. 工艺创新动力模式与财政支持政策系统研究

虽然有关技术创新的动力模式的研究已经有了很大的进展，工艺创新作为技术创新的一个不可或缺的组成部分，其动力模式的作用机理在某种程度上必然遵循技术创新的特征形式，但是我们也应该注意到，工艺创新动力模式作用下的财政支持政策系统仍然有其特有的发展模式和运行轨迹，因此对工艺创新动力模式作用下的财政支持政策系统研究必将成为今后工艺创新研究发展的一个重要方向。

3. 工艺创新经济模型与财政支持策略选择研究

各国传统意义上的典型技术创新政策工具主要有6种：以税收优惠、减免或研究开发财政拨款、补贴等形式提供财政支持的扶持政策，创造或者扩大创新产品市场需求的政府购买政策，风险投资政策，中小企业政策，专利制度政策和规制政策。随着国家创新系统的提出，世界各国对技术创新组织政策的重视空前高涨，各种高技术园区、研究开发组合及官产学联结等方面的制度安排不断推出。但是，工艺创新的国家支持政策相对来说都从属于技术创新的国家支持政策，基于工艺创新经济模型的国家对工艺创新发展的财政支持策略成为工艺创新研究领域的空白。在世界各国的产业结构都发生了重大变化的今天，对工艺创新经济模型及其财政支持策略选择的研究是我们今后工作的方向。

第四节 研究内容及基本脉络

本书依照"文献梳理—机理分析—国际比较—模型构建—政策建议"的研究范式构建研究框架，研究思路如图1.2所示。

（1）本书以制造业工艺创新行为的经济学机理分析为出发点，分析了工艺创新行为具备公共产品的特性。经济的正外部性和非排他性使工艺创新市场的资源配置无效率。但是在经济实践中，工艺创新技术赋予企业强大的市场竞争力和国际竞争力。发达国家以装备制造业为载体在国际制造业领域实现寡头垄断，工艺创新在发展过程中表现出了明显的寡头特征倾向。

（2）工艺创新具备独特的技术传播模式。在工艺技术传播扩散的过程中，每一项新工艺技术就是工艺创新扩散网中的一个节点，每个节点都是一个技术源，企业对所获得的任何一项新工艺技术的微小改进都可能成为其他企业获取新工艺技术的源泉。

（3）发达国家制造业在工艺创新推动下焕发新生的过程中，国家给予了各种优惠措施和政策以鼓励企业从事工艺创新活动。本书分别考察了美国、日本、德国等发达国家的制造业工艺创新发展路径、方式、水平，以及适合本国国情的、有效的财政政策工具；同时，还考察了以印度和巴西为代表的发展中国家制造业工艺创新的发展状况和运用财政政策工具促进工艺创新发展的措施，以及我国制造业工艺创新的发展现状。

（4）通过逐一地考察国家财政科技投入政策、税收政策、政府采购政策和风险投资政策促进制造业工艺创新发展的作用模型和机理，对我国制造业工艺创新财政支持政策体系的结构、主要功能、运行模式，以及运行环境进行了深入研究，完成我国碳中和目标下制造业工艺创新财政支持政策体系的构建。

（5）在确定财政政策绩效评价目的、原则和指标体系选择标准的基础上，建立了制造业工艺创新财政支持政策绩效评价体系,并提出了相关政策绩效评价模型,进一步展开了工艺创新财政政策绩效评价的实证研究工作,最终提出了我国优化制造业工艺创新财政支持政策的措施。

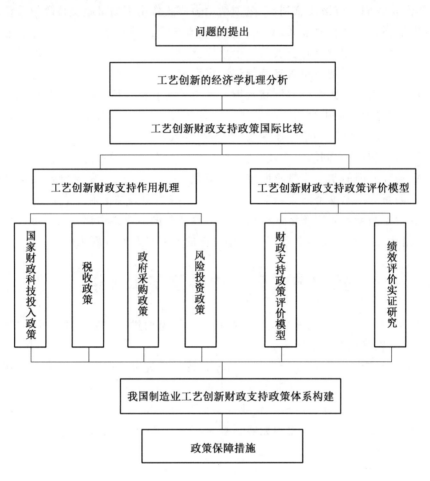

图 1.2 本书研究思路

第五节 研究方法

本书在研究过程中将经济学相关理论引入工艺创新财政政策支持工具研究工作中,采用定量研究与定性分析相结合、理论分析与实证研究相结合的方法,探讨国家对制造业工艺创新进行财政支持的必要性、必然性、可行性和可操作性。

1. 文献归纳与总结

本书在广泛参阅国内外相关学者关于工艺创新方面的论著的基础上,重点关注与工艺创新影响因素和动力模式相关的研究成果。通过对所搜集的文献的归纳、分类和整理,实施了对制造业工艺创新支持政策文献综合研究工作。

2. 定量研究与定性分析相结合

本书将经济理论分析引入工艺创新经济性研究工作中,分析工艺创新的宏观经济特征和微观经济性,考察了工艺创新对企业生产成本和产量的影响。考察了发达国家和发展中国家制造业工艺创新财政支持政策,以及我国制造业工艺创新发展现状。

3. 理论分析与实证研究相结合

本书分别将财政科技投入、税收、政府采购和风险投资 4 种财政政策工具引入相关经济发展模型中,在 4 种财政政策综合动态均衡效果分析的基础上研究了工艺创新财政政策作用机理,进一步采用层次分析法和 DEA 方法建立了工艺创新财政支持政策绩效评价模型,构建政策绩效评价体系。

第六节 研究的创新之处

本书在充分梳理工艺创新领域相关研究成果的基础上,以工艺创新的财政支持政策作为研究对象进行系统化的理论和实证研究,在以下两个方面存在着创新之处。

一、理论方面的创新之处

(1)本书结合制造业工艺创新特征和分类,对工艺创新进行了宏观经济特性和微观经济特性分析,在此基础上对工艺创新从供应方面进行了利润贡献分析。

(2)运用经济发展模型,逐一地对 4 种财政政策工具对制造业工艺创新发展的运作机理进行研究,并提出相应的求解模型和经济传导模式。

(3)提出了我国制造业工艺创新财政支持政策定义,给出工艺创新财政支持政策绩效评价的目的、原则,以及绩效评价体系指标的选取,建立了绩效评价模型。

二、研究方法方面的创新之处

构建了我国制造业工艺创新财政支持政策系统结构,确定了财政支持政策系统运行模式、功能和环境,并提出实现碳中和目标下优化我国制造业工艺创新财政支持政策的保障措施。

第二章　制造业工艺创新的经济学分析

第一节　制造业工艺创新的内涵

熊彼特最早在他的《经济发展理论》一书中提出了创新的概念。他认为,当出现以下5种情况的时候,就可以判断为创新的产生:①生产新的产品;②引入新的生产方式;③开拓新的市场;④寻求新的原材料供应源;⑤采取新的组织形式。他认为,生产方法的变革使原料和动力的新的组合过程是突然发生的,这种原料和动力新的组合过程或生产方法即为创新或创造性反应。因此,创新就是将一种在生产中从未使用过的生产要素和生产条件的"新组合"引入生产体系,建立一种新的生产函数。按照创新的技术形态和内容,技术创新分为产品创新和工艺创新。工艺是一个纯技术的概念,但是工艺创新就不只是技术的变革,还要涉及新技术的应用和管理过程,以及新技术与现有生产设备、流程的相容性,同时工艺创新仍然要遵循产出与成本的效率原则,因此,工艺创新是一个兼顾管理和技术特征的双重概念。多年来,学术界对工艺创新的界定主要从技术和管理两个方面进行。

一、工艺创新的概念界定

工艺的技术边界从属于工艺创新的边界。工艺是指一个组织将输入品转化为输出品的过程中的任何一个环节,经过这些环节转化过程后的价值比原始输入品的价值高。从这个角度来讲,可以产生工艺创新的环节贯穿于工艺流程的各个阶段及用新工艺流程取代原始工艺流程的过程中。

Utterback 和 Abernathy(1975)认为,工艺创新是将新内容(如新材料、新工作规范、产生工作流和信息流的新机制和新设备)引入到组织生产或服务中来生产产品或提供服务。Bigoness 和 Perreault(1981)指出,工艺创新包括行业组织或经营单位(如工厂)的新的生产技术变化。Ettile 和 Reaz(1992)认为,工艺创新是居于输入与输出之间的新工具、设备和生产的技术知识。Papinniemi(1999)指出,工艺创新涉及使用特定的、发生改变的工具、设备和业务流程技术。经济合作与发展组织(OECD)的《奥斯陆手册》中对工艺创新技术边界做了详细的描述,指出"工艺创新是指新的或显著改进的生产或交付方式的实现。它包括技术、设备和(或)软件上的重大改变"。曹硕辉等认为,工艺创新是不断提高企业技术能力和产品创新能力的必由途径。工艺技术和产品技术的演进之间存在着依赖性和交互性,这使得企业工艺创新与产品创新之间存在着明显的交互作用。因此,企业产品创新能力的提高有赖于企业工艺创新的开展。赵娥君等提出,为了使产品具有高技术含量、高艺术含量、高附加价值,必须持续不断地进行技术创新。而作为软件形式的产品技术要转化为实物产品,必须有工艺创新做保证。只有把产品技术创新与工艺创新相结合,运用当代最新工艺技术、工艺管理手段,才能保证产品的质量,使产品走在市场前沿,富有生命力。OECD还指出,工艺创新也涵盖了辅助支撑活动中新的或重大改进的技术、设备和软件,如用于采购、会计或维修系统的新的或改良软件。我们看到,在OECD的概念里,工艺创新的技术边界被扩展了,既包括新工艺技术创新,也包括支撑工艺运作的设备和软件的创新,以及辅助支撑环节的技术、设备和软件创新。

傅家骥(1998)认为,工艺创新是指产品生产技术的变革,它包括新工艺、新设备和新的组织管理方式。吴贵生(2000)定义工艺创新是指生产(服务)过程技术变革基础上的技术创新,包括在技术较大变化基础上采用全新工艺的创新和对原有工艺的改进所形成的创新。卢建波(2003)概括工艺创新是生产(服务)过程中技术变革基础上的技术创新,既包括在技术较大变化基础上采用全新工艺的创新,也包括对原有工艺的改进所形成的创新。赵颖、戴淑芬(2005)界定工艺创新是指除了产品创新的所有生产技术创新(包括部分设备创新和材料创新);工艺创新也必定包含了最终获得经济效益的较重大的技术改造活动,利用微电子、信息等高新技术变革传统的生产过程。古利平和张宗益从创新模式阶段划分的视角,在分析了中国制造业发展的技术特点的基础上,根据市场发展、产业规模和创新特点将中国制造业的创新模式分为3个阶段:产业基础形成阶段、产业快速发展阶段、产业创新升级阶段。其中,第一和第二阶段是以工艺创新为重点,到了第三阶段,产品创新才成为主流。

伴随着技术创新作为一种新的生产要素被投入生产过程中,工艺创新不再只是被看作一种技术升级的手段,人们更多地将工艺创新置于更广阔的范围,分别在企业管理幅度、市场营销、产品质量、产品生产成本、产业发展等多个方面进行研究。Giacomo Bonanno 和 Barry Haworth 的研究表明:在竞争非常激烈的条件下,高质量公司(high-quality firm)适于选择产品创新,而低质量公司(low-quality firm)适于选择工艺创新。方爱华等人认为,企业从事工艺开发就如同军队在外行军打仗;而产品改造就如同后勤保障。赵兴林等人认为,"机械制造,工艺为本"是在实践中得出的重要规律,只有重视机械制造工艺这一根本要素,才能使企业的产品在国内外激烈的市场竞争中立于不败之地。工艺创新是不断提高制造业经济效益的客观要求。工艺技术水平不仅对制造业的产品质量有至关重要的影响,而且影响着生产的物耗、能耗和效率。也就是说,工艺技术水平直接决定着各种投入资源在生产过程中的变换效率,决定着企业经济效益的优劣。Davenport(1993)认为,工艺创新是指包括新工作战略构想,工艺设计活动,与工艺相关的技术、人力、组织等所有方面的变革。许庆瑞和陈劲认为,工艺创新在企业技术发展早期比产品创新更重要,而后产品创新才重要起来。David·R. Brown 认为,工艺创新是大型企业蓄积实力、韬光养晦谋取后发优势的捷径。

二、工艺创新的特征

1. 工艺创新技术源属性

工艺技术的载体是生产技术,其源泉依赖于生产技术的变革。鉴于新生产技术投资大、获取较为困难等原因,中小企业工艺创新更多的是围绕着现有生产技术的改善和生产设备的微小更新展开的;而大企业在全面更新生产设备和获取新生产技术方面较中小企业有更多的选择余地,表现在工艺创新技术源的产生方面,也呈现出多种不同的属性。

(1) 偶发性。

新工艺技术的发生在个人或者小企业中更多的是以一种偶然的形式出现的。抛去了利润和成本的动机,新工艺技术的提供者完全凭借个人兴趣和爱好不断地实验,使新工艺技术得以成功。事实上,在工业化早期和大发展的阶段,新工艺技术就是以这样的形式出现在人们的视野中的。通过企业家的作用,当新工艺技术被应用到生产中之后,人们发现,新技术的使用在可以降低生产成本、提高利润的同时,还可以满足甚至提高消费者对产品高效用的要求。

(2) 多元性。

当偶发的新工艺技术被企业家应用于工业生产中时,企业家的产品就具有了低成本、高质量的优势。这种优势给企业家带来了丰厚的回报:产品销量扩大,利润大增。在尝到新工艺技术带来的巨大甜头之后,企业家及其同行会主动创造和寻找这样的机遇。企业家采取购买新工艺技术、资助技术提供者或者投资建立企业研发部门等方式获取新工艺技术。伴随着风险投资的兴起和政府对技术创新的重视,新工艺技术的供给来源呈现出多种渠道、多种模式的特性。

(3) 相容性。

在偶发的、离散的新工艺技术源和按照严格的研发流程开发的新工艺技术源之间是存在着类似于网状结构的、小的通路的。这些小通路使偶发的、离散的新工艺技术能够进入企业、风险投资及政府投资平台的视野,同时,也使零散的、偶发的新工艺技术源的开发者能够清晰地知道企业的研发方向和政府政策的导引方向。

(4) 先进制造性。

伴随着高新技术的发展,制造业的生产工艺逐渐摆脱了冗长的准备和反复验证阶段。制造商可以在高性能计算机上模拟新产品开发过程中的设计、测试和改进等环节,这不但能够获得更多的关于新产品的工艺数据,而且极大地改善了新产品的生产工艺流程。同时,为了更快地迎合市场上消费者的消费倾向,制造商通过对生产工艺的微小变动,就可以达到消费者的要求,如颜色、性能、功能等。

2. 工艺创新技术流

不同于技术创新扩散效应,工艺创新技术流与工艺创新扩散的方向有着密切的联动关系。工艺创新扩散效应的产生伴随着新工艺技术的流动。新工艺技术是工艺创新扩散效应的客观载体,它的流动速度决定了工艺创新扩散速度。

(1) 工艺创新技术源。

从工艺创新动力层面上看,早期工艺技术的变革更多的源于生产技术人员的灵感和主观的想法。这种在技术上寻求创新的想法成为促进工艺创新技术源产生的原始动力。但是这样的技术源是偶发的、离散的,还没有形成产业的能力,它对生产的促进作用并没有显现出来,因而它的发展是缓慢的、没有什么规律可循的。如果我们做一个剖面,就会发现早期的工艺创新技术源是以离散的状态存在的,相互之间并不存在密切的联系,甚至根本没有任何联系。

随着工艺技术的发展,工艺创新技术源之间产生横向联系,并逐渐形成企业的集群发展模式。集群发展模式是在企业间具有相同或相似的生产工艺技术基础上形成的。集群中的每一个企业都是一个工艺创新技术源,同时也是新工艺技术的使用者,这使得新工艺技术在同一集群发展模式的企业间进行不断的传播。

(2)工艺创新技术势差。

处于不同技术水平下的工艺创新技术源之间的纵向联系形成了工艺创新技术流。工艺创新技术流的一个重要特征是在两个不同的技术源之间存在着技术势差。技术势差的存在决定了新工艺技术流动的方向。但是我们还要明确一点,两个不同的技术源之间的受让关系并不是一成不变的,他们之间的技术传播关系是一种动态的互动关系,这与技术创新中的具有变革性质的新生产技术的传播有着本质的区别。事实上,在一个相对小的范围内,企业间与新生产工艺技术相关的联系与互动是频繁发生的,这样的互动和联系使新工艺技术不断地发生渐进性的微小变化,是对新工艺技术的完善。在这一过程中,新工艺技术的受让双方都完成了对新工艺技术的消化和吸收。新工艺技术在受让双方之间消化吸收的过程越长,越有利于新工艺技术被广泛接受,越有利于缩短新工艺技术受让双方之间存在的技术势差。

如果将工艺创新技术流放在一个相当宽泛的时间跨度内考察,就会发现在完全竞争的市场化条件下,技术势差始终存在于不同的技术源之间,并且具有不断强化和扩大的趋势,即技术势差惯性。

(3)工艺技术流轨迹。

如果以单一技术源的技术流轨迹作为考察对象,不难发现,单一技术源的技术流轨迹更接近于树形,树形中的每一个节点就是一个技术源,它是以发散的方式推动技术流动的,这种以技术流为脉络的工艺创新就是渐进性工艺创新。技术源节点分支越多,各个分支间的距离越大,说明与该节点对应的新工艺技术被企业采用的范围越大,它被受让的频率越高。而当渐进性工艺创新的树形结构发展开始萎缩的时候,意味着由破坏性工艺创新引起的新工艺技术变革的出现,表现在技术流的树形结构中就是一个脱离原树形结构的新技术源节点的出现。

(4)技术流方向与工艺创新扩散方向一致。

工艺创新扩散源与工艺创新技术源是同一的。在技术创新扩散过程中,技术创新扩散体现在新设备的引进、新材料的使用、新的管理制度的普及、新市场的推进和新技术的使用过程中,技术创新扩散过程是很宽泛的。与技术创新扩散相比较而言,工艺创新扩散过程显得就有些窄。工艺创新扩散过程只涉及新工艺技术的流动。作为工艺创新扩散的载体,新工艺技术的流动方向决定了工艺创新扩散的方向。在工艺创新扩散的过程中,有时候也包含一些新工艺技术的使用者与新技术源之间的反向的技术流动,在这一过程中,新工艺技术的使用者成为一个新的技术传播源,这是一个双向互动的过程。这一特征也体现在工艺创新扩散的过程中,新技术的使用者和新技术的传播源之间以工艺技术为载体,完成了他们之间的工艺创新扩散过程。原始的工艺技术在经过了使用者和传播源之间的反复的技术互动之后,将被其他新工艺技术的使用者所接纳,接下来将完成下一个技术流动和工艺创新扩散过程。在这个过程中,工艺创新扩散和技术流始终相伴相生,它们的运动方向保持着高度的协调性和一致性。

三、工艺创新的主要类型

工艺是依附于企业关键、核心生产技术之上的生产流程,是企业制造能力的体现。本书为便于对工艺创新的考察,将工艺创新分为渐进性工艺创新和根本性工艺创新。

1. 渐进性工艺创新

英国苏塞克斯大学科学政策研究所认为,渐进性的创新是连续的、渐进的小创新,是经常发生于几乎所有的经济、政治和科技等活动中的。渐进性工艺创新是大量存在于企业生产过程中的工艺创新活动的成果,是在原有生产技术水平下,对生产工艺的不断修正和优化。它不改变原有技术轨迹,只是对原有生产流程做某些微小的变动,目的在于提高企业的制造能力,优化产品质量,增加产品的附属功能,提高市场占有率。渐进性工艺创新是企业产品市场表现在生产过程中的具体反映,具有销售后向一体化的倾向。企业通过对产品销售情况进行分析,判断和预测市场受欢迎的产品的品质、功能、性能、颜色等多种因素,使消费者需求得以实现的保障就是渐进性工艺创新。它是为企业所拥有的关键生产技术服务的外围技术。

2. 根本性工艺创新

由于根本性工艺创新是建立在一种完全不同的、全新的核心生产技术基础之上的工艺技术,新技术的引入使企业的生产技术基础和生产环境发生根本性的改变,因此也被称为破坏性工艺创新。企业在生产中采用了一种全新的生产技术,依附在新技术之上的工艺也将发生彻底的改变。企业需要进行生产设备、生产场地等大量的固定资产投资。技术人员和操作人员需要进行重新培训。根本性工艺创新改变了企业原有生产的技术轨迹,突破原有技术范式的约束,建立了新的生产模式。从目标的企业发展状况的考察情况来看,这类工艺创新往往还伴随着企业生产组织和管理制度的变革。

3. 判断标准

(1)是否在生产中引入了全新的、完全不同于既有技术的新技术。

在生产中,企业所拥有的关键核心技术决定了企业的生产技术轨迹和技术范式,它也决定了企业大致的生产工艺流程。在日常生产研发过程中,对生产流程的不断优化和修正活动都是在企业的关键核心生产技术的基础上进行的,明显受到企业现有生产技术的约束。这样的工艺创新活动更像是对现有生产技术的修修补补,是为了更好地服务于关键核心技术。当企业引入一项全新的核心生产技术时,新技术与企业既有的生产技术是完全冲突的,是对旧技术的替代,新技术与旧技术具有不相容性。新旧技术的不相容性会导致企业生产技术轨迹和生产流程的改变,进而引起企业生产组织和生产方式等发生全新的变化。

(2)是否引起企业总固定生产成本的根本变动。

在多数情况下,工艺创新以渐进性工艺创新作为基本表现形式。当渐进性工艺创新被应用到生产中的时候,生产设备等固定生产工具和场所一般不会发生较大的变化。即使有些新工艺要求企业对生产流程中的部分设备进行更新,相对于企业的总固定生产成本而言,这样的变化也是微小的。其技术轨迹仍然沿用原有的技术范式,没有完全脱离原有关键生产技术的约束。我们将这样的工艺创新仍然看作渐进性的工艺创新。当一项新工艺技术应用到生产中时，相应地会引起企业生产设备、生产工具、生产场地、厂房等固定生产设备发生变动。这种变动不是生产线局部生产设备的更新，而是引起在一个相对较大范围内的固定生产设备的投资。我们将这种能够引起企业总固定生产成本大幅度变动的新工艺技术称为根本性工艺创新。在实践中，我们还会遇到这样的情形：可以用一种完全不同的新生产技术工艺生产出符合市场需求的相同产品。鉴于工艺流程的特殊性，这样的技术仍然会引起企业总固定生产成本的变动，我们将这样的新生产技术归为根本性工艺创新。

第二节 制造业工艺创新的必要性

创新给制造业带来了获得新生的良好时机，但是制造业要获得长久的发展必然借助于工艺创新的动力。随着世界各国逐渐认识到工艺创新在制造业发展中的重要作用，工艺创新不再是一种单纯的技术管理行为，还具有经济行为属性。因此，对工艺创新的经济行为属性展开分析就成为当前一项重要的工作。

1. 获取制造业垄断收益

一项新工艺技术在生产过程中第一次被使用时，相对于旧技术在收益上的优势较低。新工艺技术在使用初期所能提供的产品产量通常较低。在新技术的扩散过程中，如果创新收益的增长速度快于成本，创新的扩散过程就会被延长。创新扩散被延长的过程就是企业进行渐进性工艺创新的过程。企业通过不断提高产量，使产量的增长速度高于成本的增长速度，从而实现企业收益的增加。对企业而言，渐进性工艺创新在新技术扩散过程中延长了企业采用新技术获得收益的期间。对行业而言，创新扩散过程的延长，吸引了更多的新技术的采用者，扩大了新技术的使用群体规模，形成了产业生产规模，提高了国家在该技术领域的生产技术水平。

决定企业是否使用新工艺技术的一个非常重要的因素就是企业使用新工艺技术的成本。这个成本包括企业获得新工艺技术的成本（自主研发和外部购买）、为使用新工艺技术需要进行的生产设备等固定资产投资和技术操作人员培训费及其他费用。企业如果使用一项破坏性创新技术，上述成本是其必然支出的成本。因此，企业采用一项新技术的成本是非常昂贵的。

伴随着固定成本的急剧增加，企业的产品成本也处于一个很高的水平，企业利润率快速下降，此时新技术对企业的利润贡献率是负值。高成本直接导致新技术扩散效应的减弱，扩散速度的下降。在更多新技术的使用者引入新技术进行生产之后，企业为了使其产品在市场的竞争中处于有利的位置，要不断地进行工艺创新活动。在这个过程中，企业仍要考虑使用新技术工艺的成本问题，通过将提高产量、降低成本增加的收益与使用新工艺技术的成本相比较来决定使用新工艺技术是否是一项对企业有益的行为。

2. 赢得制造业产业比较优势

如果一个国家的某个产业在产品技术、工艺技术、生产组织形式或营销方式等方面领先于多数国家的同类产业并在国际市场上获得较大的市场份额，就称这个产业具有发展优势。制造业产业发展比较优势主要来自于产业内企业自身发展起来的地区竞争优势和介于国家和企业之间的部门支持体系。

(1) 工艺创新构成了企业进入市场的无形壁垒。

工艺创新是企业的核心竞争力之一,是企业获得稳定的高额利润的途径之一。通过工艺创新,排除了市场上企业之间无序的恶性竞争。通过降低企业的生产成本和提高企业的边际收益,从事技术创新的企业,尤其是从事工艺创新的企业将通过简单的手工作业或偷工减料的企业产品排除在市场之外,与此同时,也将这些企业的不合格、落后工艺淘汰。这个过程有力地推动了市场上企业的整合过程,并且在无形中规范了原料市场,避免了来自原料市场推动的产品市场的恶性竞争。超越一般企业可承受能力的研究投入,意味着企业具有发达的技术开发能力、生产能力、经营管理能力,更主要的是构成了企业的技术能力和知识财富。技术创新越来越成为企业市场竞争战略和策略的重要组成部分。企业可以根据自己在市场竞争中的定位、战略、策略,决定技术创新的投入水平,以及在与其他企业的合作和谈判过程中获得高额利润甚至垄断利润。

(2) 促进产业结构升级。

现代社会从工业化社会开始步入合成化社会,企业所处的时代背景与竞争环境发生了很大变化,创新成为有计划、连续出现的常规活动,竞争优势的取得从对效率的追求转变为对创新的追求。同时,市场的需求也在迅速变化,创新的过程也是创造需求的过程。竞争空间随着各国市场的开发和信息化管理手段的运用已不再受地域限制。大型制造业企业在现有的市场环境中承受着更多的竞争压力。这样的企业要获得竞争优势,就必须以低于其竞争对手的成本和更高的客户服务质量来完成各项生产活动。这一切在很大程度上取决于以技术创新为核心的技术进步的速度。技术进步速度影响产业技术创新和技术扩散的进程,同时也决定了企业能否从技术进步中获益。

随着企业对技术创新的不断投入,提高了行业技术标准的门槛,从而改变了市场的竞争格局。在市场竞争中的优势促使更多的企业加入技术创新的队伍中来,这种良性竞争的格局客观上使整个行业的产业结构得到了极大的改善,提升了产业技术水平和竞争能力。通过制定前瞻性行业技术标准,培养精致型需求,促使企业的产品向质量和技术更佳的方向发展。

(3) 优化产业组织结构。

制造业是竞争性产业,整体产业集中度要求较高。一般大中型企业在行业中占主导地位,并形成层次分明的专业化分工协作体系,在大企业周围形成数量众多的专门化的中小企业。技术创新需要高额的资金投入,持续的高额创新投入只有大企业能够承担。以大企业作为技术创新的中心,创新技术在中小企业中扩散和推广,对提高制造业的整体生产能力,优化制造业的产业组织结构,避免重复建设,形成合理的专业化分工协作体系将起到极大的推动作用。

制造业整个行业技术创新的开展,必将使行业的技术标准提高。在产业标准竞争中,力图使自身的技术构架成为产业主导设计的企业将面临很大的风险,这种风险在一些时候甚至会使整个企业陷于失败的境地。产业标准竞争的风险在很大程度上是由企业在技术上的巨大资金投入及在此过程中积累的技术能力和技术经验所导致的。一般而言,要想使企业自身的技术构架在技术竞争中占据优势,必须在资本和人力上进行大量的投入,而企业一旦在产业技术标准竞争中失败,所进行的投资及所建立起来的技术能力体系将变得毫无价值,甚至会阻碍企业的发展。

(4)提高企业经济效益。

产品是企业的立足之本,质量是企业的效益之源。企业在国际市场中的竞争,某种程度上取决于产品质量、品牌的竞争。产品质量的问题首先是产品技术的问题。不断进行技术创新将为企业带来高质量、高附加值的产品。没有高质量的产品就无法在激烈的市场竞争中取得优势。技术创新将提高企业的生产批量,使企业采用高效率的专用设备生产,大大提高劳动生产率,同时,使产品品种规格合理化,零部件的互换、通用程度提高,可以大大缩短产品的设计周期和生产周期。另外,合理地选择和使用材料,简化原材料的供应品种,还可以大大节省原材料消耗,减少物资的采购量和贮备量,加速流动资金的周转等。

(5)促进资源利用与废物排放之间的协调发展。

发源自英国的工业革命将人类社会的发展推入了快车道,人的双手被解放了出来,极大地促进了轻工业和重工业的发展。较为普遍的观点认为,蒸汽机、煤炭、钢铁是促成工业革命技术加速发展的3项主要因素。工业化早期工业生产规模不大,工业排放物(废料、废物、废气、废水等)对自然环境乃至人类的社会环境影响都是有限的。但是第二次世界大战结束后,全球形成的稳定的政治和社会环境促使全球经济蓬勃发展,伴随而来的是社会生产规模急剧扩大,人口迅速增加,经济密度不断提高,排入环境的废弃物远超自然界的再生增殖能力,资源耗竭和严重的环境污染与破坏成为全球性的问题。解决问题的方式是全方位的。各国政府运用行政、法律、教育、经济等多种手段来解决经济发展的环境问题,通过加大教育的宣传,制定相关的法律惩罚和鼓励,运用税收、财政、信贷等经济杠杆调节经济活动与环境保护之间的关系、污染者与受污染者之间的关系,促使和诱导经济单位和个人的生产和消费活动符合国家保护环境和维护生态平衡的要求。各国通常采用的经济手段包括征收资源税、排污收费、事故性排污罚款、实行废弃物综合利用的奖励、提供建造废弃物处理设施的财政补贴和优惠贷款等。这些经济措施的目的是通过增加工业废弃物排放成本和降低研发成本鼓励企业进行技术改进,不断降低工业废弃物的排放量。终极解决的途径仍然是通过技术的手段来解决技术促进经济发展过程中带来的问题。因此,要达到工业废弃物排放与资源利用之间的协调发展,就必须鼓励工艺技术创新,尤其是绿色工艺技术创新。

第三节 制造业工艺创新的宏观经济性分析

西方经典经济理论将资本、土地和劳动视为三大生产要素,认为任何财富创造均是由这三者的边际收益率递增导致的。现代西方经济发展到20世纪70年代出现的滞涨现象,导致传统的三大生产要素推动经济发展的策略陷入失效,这种困境为熊彼特的经济理论提供了发展空间。1912年,熊彼特在《经济发展理论》一书中提出,创新是经济发展的根本动力,经济增长的过程是从一个均衡状态向另一个均衡状态的移动过程。创新引起的技术进步通过推动生产曲线向更高生产率水平移动,打破旧有的均衡并达到新的均衡。

现代经济发展的实践证明,技术创新已成为经济增长的最关键动力。技术创新在更新改造传统产业、产业更替、新兴产业涌现、产业结构升级等宏观经济层面发挥着重要的作用,是企业获得和保持核心竞争力的关键。但是技术创新尤其是工艺创新,由于前期研发投入资金量大、工艺技术不容易保密、获益期短等,导致根本性的工艺创新一般与装备制造业的发展密切联系,门槛高;而与一般制造业联系紧密的渐进性的工艺创新企业投入资金少,不受重视。

一、工艺创新的市场资源配置无效率

福利经济学认为,市场对某种资源配置失灵是由于这种资源存在外部性。外部性分为正外部性和负外部性。正外部性使市场生产的数量小于社会合意的数量,负外部性使市场生产的数量大于社会合意的数量。曼昆认为,当一个人从事一项影响旁观者的福利,而对这种影响既不付报酬又得不到报酬的活动时,对于旁观者来说,如果这种影响是有利的,就产生正外部性;如果这种影响是不利的,就产生负外部性。科技进步使制造业得到极大发展,在使人们的生活水平大幅提高的同时,也给人们生活的环境带来了污染、能源短缺、生态失衡等负外部性问题。为了解决这些问题,人们通常通过成立非政府组织,如绿色环保组织,来自行协调和解决问题以使制造业生产的负外部性内在化。企业可以通过与相关的利益各方签订合约,给予受损方一定利益补偿或者与其他生产企业签订生产互补协议等方式来使负外部性内在化。

科斯定理认为,私人经济主体可以通过协议的方式解决他们之间的外部性问题,但是私人协商经常是无效的,这主要是由于存在交易成本造成的。当私人协商无效时,政府可以通过设计一个类似于集体行动的方案,使各方都能接受。此时的交易成本将大大降低。政府通常会采取向企业征税、收取污染费、发放污染许可者证或者对产生污染的企业进行管制等方式来解决私人协商无效的状况,使外部性内在化。政府通过使企业的私人供给成本增加,迫使企业在与其他利益方协调的过程中做出让步。

新古典经济学派认为,很多情况下,市场机制在经济活动中不能充分保证全社会资源的最优配置,这就需要政府出面制定技术政策来解决问题。但是,政府通过提高企业的生产成本来解决环境污染这类制造业生产的负外部性问题,仍然不能从根本上解决问题。制造业的工艺创新行为则可以实现科技推动社会进步体系的系统内部对这些负外部性的自我修正,从制造业的自身出发,主动解决负外部性问题。

任何事情都存在正外部性和负外部性。制造业工艺创新的正外部性体现在可以实现制造业内部的自我修正,并且可以提高产品质量,节约资源消耗,降低成本,提高企业的制造能力,进而可以提高企业的市场竞争力。而工艺创新的负外部性主要涉及技术秘密不利于保护,易于外泄,在高额投资的前提下,工艺创新的收益将被其他获得新工艺技术的厂商分得。因此,工艺创新在发展初期负外部性限制了正外部性。表现为工艺创新市场发展动力不足,企业从事工艺创新的意愿不强。出现这种情况的原因在于,在正外部性情况下,从事工艺创新活动的私人边际收益和边际成本发生了分离,带有正外部性的工艺创新收益,不能充分反映工艺创新所带来的社会边际收益,进而导致工艺创新市场资源配置扭曲,工艺创新对市场资源的配置无效率。

二、工艺创新具备公共产品特性

经济中的各种物品具有两种特性:排他性和竞争性。私人物品既有排他性又有竞争性,而公共物品既无排他性又无竞争性。罗默认为,知识或技术作为一种商品不同于一般的竞争性物品,非竞争性和部分排他性是其根本特征。工艺创新可以使企业获得高额的市场收益,从主观上讲,企业更愿意从事工艺创新,以保持自己在市场竞争中的优势。另外,企业为了能更持久地保持市场竞争优势,就会限制其他生产厂商使用同种生产工艺技术。因此,工艺创新具备私人物品的全部特征。

但是,工艺技术在生产过程中并不利于保密,由于生产流程涉及的人员众多,并且工艺创新中以渐进性工艺创新为主,因此,单纯地依靠从事工艺创新的企业做好工艺技术的保密工作较为困难。一般公认的观点认为,专利制度的使用可以使特殊的技术知识具有排他性,而一般性知识没有排他性。曼斯菲尔德(Mansfield)在1981年进行的一项化学、制药、电子及机械行业的模仿成本与模仿时间的研究表明,如果没有专利保护,大约有半数以上已经获得了专利的技术创新可能不会付诸实施,相比较而言,专利制度是比较有效的技术创新政策工具之一。但是纳尔逊在20世纪70年代通过对美国企业的调查发现,仅有很少的企业把专利评为最有效的手段,先行一步及获得比较优势被认为是厂商占有收益的最有效的手段。专利制度的理论功效与其现实效用在工艺创新上发生了背离。制度设计者借助于专利制度来改善工艺创新活动的无效率状态,希望利用专利制度保护工艺创新者的创新收益,但是专利制度在实践中不能成为企业保护其工艺创新收益的有力工具。从事工艺创新活动的企业不能保证从某种已知的、有效的途径获得创新收益。大部分企业认为没有什么有效的方式可以解决这一难题。此时私人市场将不再具有效率。

阿罗认为,企业进行研发活动的产品生产技术性信息具有公共商品的性质,信息生产者不可能把由生产信息所带来的利益完全归己有。在这种情况下,投入信息生产的研究开发费用将会减少。从事工艺创新的厂商正面临着这样的难题,他不可能完全占有工艺创新的全部收益,并且这种趋势正朝着不利于他的方向发展。因为有更多的人看到了工艺创新为企业带来的超额收益,因此通过各种途径不断地获取新工艺技术,甚至在获得之后只需经过微小的改进,其技术性能就会超过获得的新工艺技术。那么作为从事工艺创新的企业将失去全部收益的大部分,创新的动力将大大减弱。因此,工艺创新的技术外溢效应导致了创新企业利益外溢,进而引起工艺创新私人投入减少,厂商失去了继续这项活动的动力。在这样的情况下,工艺创新就变成一种潜在的公共产品,任何获得该技术的人都可以随意使用,大家也不再对工艺创新投入热情。工艺创新失去了排他性和竞争性的特征。所以,工艺创新是以私人物品为起点,而止于公共物品。当工艺创新以公共物品的面目出现,私人部门通过市场机制提供工艺创新这种产品时,利益外溢性的存在造成厂商和私人收益率低于社会收益率,使得厂商和个人的投资不足。

三、工艺创新具有寡头的特征倾向

经济中企业之间的典型竞争是不完全竞争。企业具有实行某种垄断的可能,但是由于受制于不确定的限制因素而并不能在市场上实行完全的垄断。经济学上通常将只有少数几个卖者的市场称为寡头市场。寡头生产者的产量通常很小,但是其产品的价格非常高,远远高于其产品的边际成本。由于市场上只有少数几个卖者,所以卖方任何成员的行动都会对其他成员的利润产生重大影响。在规模收益递增的情况下,对于同质产品而言,生产者之间的价格战会导致产品价格降至边际成本。值得注意的是,此时的产量不是均衡产量,因为它不足以弥补平均成本。事实上,让任何一个寡头生产者服务于整个市场都是不现实的。企业在资源和自身能力不受限制的前提下,可以以高于边际成本的水平制定价格,那么均衡价格不会产生。但是,由于企业的能力有限,当其他企业抬高价格的时候,寡头生产者就可以借助于被抬高的价格获得一定的收益。因此,寡头生产者之间为避免"毁灭性的价格战",通常会就生产和价格达成某种协议,采取一致的方式对其产品收取高额费用或阻止其他进入者进入这个市场,那么这个市场无效率。

无论是由技术推动模式、市场拉动模式,还是由技术-市场互动模式引发的工艺创新,都伴随着工艺生产技术的流动。工艺生产技术水平受到生产力发展水平和生产关系的制约。工艺生产技术流动的趋势是由生产力水平高的地区向低的地区流动,由生产关系先进地区向落后地区流动。

第四节 制造业工艺创新的微观经济性分析

生产者利润最大化是微观经济分析的大前提。西方经济学家认为,在信息不完全条件下,制定实现最大化利润目标非常困难,但是从长期的生产经营角度来看,实现利润最大化是企业竞争生存的基本准则。因此,在资源约束条件不变的情况下,生产者追求利润最大化的途径就是降低成本和提高产量。

一、工艺创新对降低成本的效用

1. 渐进性工艺创新成本效用分析

福斯特指出,任何技术初期的性能改进都是比较缓慢的。在其成熟的阶段,该技术将沿着渐近线接近一种自然的或物质上的极限,以至于需要更长的时间或者更多的技术上的努力才能实现改进。渐进性工艺创新作为生产过程中的常态,大量存在于我们的生产过程中。

在短期生产过程中,任一产量水平上的总成本(TC)曲线的斜率对应着相应边际成本(MC)曲线上的值,由于总变动成本(TVC)曲线的斜率与 TC 曲线的斜率相等,因此,MC 曲线的值就与 TC、TVC 曲线的斜率相对应,MC 曲线的最低点 a' 与 TC 曲线的拐点 a 和 TVC 曲线的拐点 a'' 相对应。渐进性工艺创新由于较少需要进行大范围的企业生产设备固定投资,总固定成本(TFC)曲线位置基本保持不变。渐进性工艺创新主要是对企业的变动成本产生影响,使 TVC 曲线的幅度发生变化,如图 2.1(a)中总变动成本(TVC′)曲线所示的位置。相应的 MC 曲线的位置也会随之向右发生移动,最低点 a' 的位置向右下方移动,如图 2.1(b)中边际成本(MC′)曲线所示的位置。TVC 的变动必然带动 MC 的变动,随着 TVC 降低,MC 也将下降。

渐进性工艺创新通过优化企业的生产技术,改变企业生产要素的投入产出比,影响企

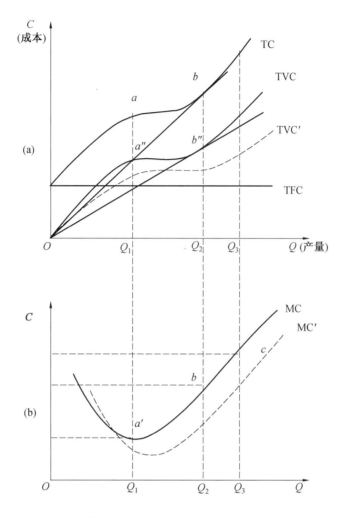

图 2.1 渐进性工艺创新总成本和总变动成本曲线

业 TVC 水平,进而实现 TC 降低。企业要突破现有技术水平的限制,唯一的出路就是采用破坏性工艺技术,使企业产品在品质、性能、规格、质量等方面迈上一个新的台阶,从根本上脱离原有技术的影响。

2. 根本性工艺创新成本效用分析

与渐进性工艺创新对 TC 和 TVC 曲线的修正作用不同,根本性工艺创新会引起 TC、TVC、TFC 曲线位置的移动和幅度的变化,TFC 曲线的变动位置取决于根本性创新固定资产投资的水平,可能高于原曲线的位置,也可能低于原曲线的位置。TC、TVC 曲线位置的移动和幅度的变化是生产技术发生根本变化的结果。边际成本 MC 曲线的位置和幅度也将发生变化。随着制造业企业采用具有破坏性的工艺技术,企业对固定生产设备等固定资产的投资也将不断增加,这必然导致企业 TFC 生产曲线向上移动。即使不考虑 TVC 曲线,采用根本性技术的企业的产品成本也是很高的。当根本性技术通过在其技术基础上不断进行的渐近性工艺创新,使产品的边际生产成本越来越低的时候,根本性技术才有可能对主流的大规模生产具有吸引力,吸引越来越多的企业采用新技术进行生产。具体如图 2.2 所示。

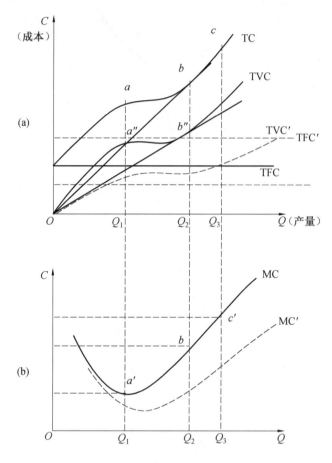

图 2.2 根本性工艺创新总成本和总变动成本曲线

二、工艺创新对提高产量的效用

1. 工艺创新对从事渐进性工艺创新的企业产量的影响

边际报酬递减规律指出:在技术水平不变的条件下,在连续等量地把一种可变生产要素增加到其他一种或几种数量不变的生产要素上的过程中,当这种可变生产要素的投入量小于某一特定值时,增加该要素投入所带来的边际产量是递增的,如图 2.3(b) 边际产量(MP_L)曲线和图 2.3(a) 总产量(TP_L)曲线Ⅰ所示;当这种可变要素的投入量连续增加并超过这个特定值时,增加该要素投入所带来的边际产量是递减的,如图 2.3(b) MP_L 曲线和图 2.3(a) TP_L 曲线Ⅱ、Ⅲ、Ⅳ所示;当边际产量为 0 时,总产量达到最大,如图 2.3(a) TP_L 曲线所示。渐进性工艺创新将使 TP_L 曲线和 MP_L 曲线幅度发生变化,如图 2.3(a) 中图形 TP'_L 和图 2.3(b) 中 MP'_L 虚线所示。渐进性工艺创新引起企业总产量不断提高,这种提高是逐步的,具有连续的性质。渐进性工艺创新通过不断对现有生产技术和流程进行优化,使企业可变生产要素的投入产出比提高。企业在一种可变生产要素投入量不变的情况下,边际产量发生了大幅的提高,引起总产量的变化,延长了企业生产技术的使用寿命。

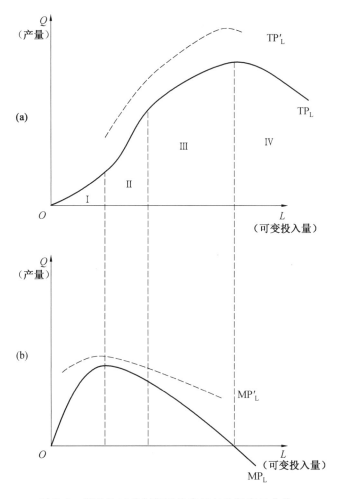

图 2.3　渐进性工艺创新平均产量与边际产量曲线

2. 根本性工艺创新对企业产量的影响

根本性工艺创新引起企业生产水平的革命式的变革,对企业的影响是全方位的,从生产设备到技术操作人员的水平,甚至领导的管理思想。在企业生产初期,企业的产量通常会急剧缩减。这种影响不但有生产设备的调试、磨合和技术不成熟等因素,还有产品的市场接受度等因素。为了弥补利润的损失,生产者通常采用高定价的市场经营策略。随着企业技术稳定性和产品市场占有率提高,企业产量也会稳步提高,根本性工艺创新最终向渐进性工艺创新转化。当企业采用一种完全不同的新技术生产出市场上的成熟产品时,如果能在生产初期形成生产规模,进行批量生产,企业就可以将销量作为提高利润率的主要手段,采用较低的价格。企业的产品可以凭借品质、性能及价格优势进入主流市场。具体如图 2.4 所示。

鉴于上述分析,作者认为:工艺创新技术外溢性导致的利益外溢性使市场机制对工艺

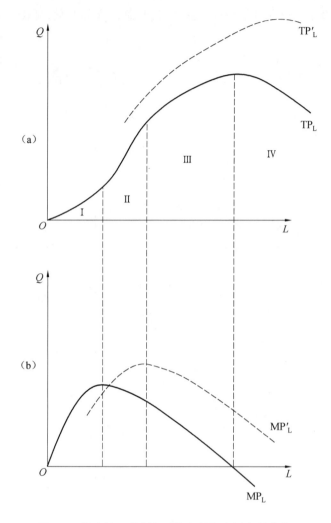

图 2.4　根本性工艺创新平均产量与边际产量曲线

创新不能完全发挥作用;渐进性工艺创新是企业创新活动的常态,对企业生产成本的影响是反向的,对企业产量的影响是正向的,企业日常所从事的工艺创新一般应归于此类;根本性工艺创新受新技术获取成本、生产原料成本、产量、新产品的市场占有率、生产设备投资等因素的限制,致使新产品生产成本较高,是否对主流市场具有吸引力,产量及市场销量成为关键因素;政府应该通过弥补从事工艺创新企业的创新收益和给予采用新工艺企业投资成本资金补贴,弥补生产者剩余损失以鼓励企业开展持续的工艺创新活动。

第五节　本 章 小 结

本章通过对工艺创新经济特征的分析,从宏观经济发展层面上明确了工艺创新具备国家支持的品性。企业作为工艺创新的行为主体,其主要目标是追求企业利润的最大化。通过工艺创新对企业利润贡献率的分析,在操作层面上,明确了国家对工艺创新行为进行支持的可行性。对工艺创新扩散效应影响因素的分析,明确了国家可以通过对单个企业工艺创新行为的支持及市场运作机制的作用,发挥重点企业工艺创新行为以点带面的作用,促进制造业行业发展。

第三章　制造业工艺创新财政支持政策的国际比较

第一节　西方工业强国制造业工艺创新财政支持政策

一、美国制造业工艺创新财政支持政策

自第二次世界大战之后，随着大量的军转民项目的启用，美国的制造业获得了极大发展。战后美国生产和消费市场的表现正应了萨伊的名言：供给自动创造需求。市场的高效率导致厂商不断地扩大企业规模，以满足供不应求的市场需求和追求规模效应，从而忽视了美国生产的产品高能耗和高成本的缺点。高成本意味着高价格，随着消费理性的逐渐回归和市场细分下市场饱和度的提高，美国国内的消费市场呈现出疲软的态势，生产市场尤其是制造业生产市场受到的影响最大。在 20 世纪 70 年代，美国从事制造业的企业仍然奉行规模效益至上的宗旨，真正从事工艺技术创新，进行企业内部技术挖潜的企业非常少。主要的原因为：一是当时美国的专利保护制度还不够完善，工艺创新的技术也不利于保密，很容易为外界获得，致使从事工艺创新的企业的边际收益小于边际成本；二是美国自工业体系建立之初就以规模效应和迅速的市场跟进为优势，形成了生产规模不断扩大、生产成本不断降低、产量不断提升的生产思维。在这一过程中，由于美国自然资源禀赋较好，美国制造业企业较少受到生产要素资源的限制，造成了一种生产不受资源约束的假象。

亚当·斯密说："工资、利润和地租，是一切收入和一切可交换价值的三个根本源泉。一切其他收入归根到底都是来自这三种收入中。"美国是一个地广人稀、自然资源丰富的国家，人力资源的匮乏使美国的人员工资居高不下，这就促使美国的企业家在投资兴建工厂之初就尤为关切劳动生产率的提高。随着生产规模的不断扩大，这一矛盾变得更加突出。为了解决这一难题，大工厂积极地将私人发明家和独立工作的科学家的研究成果引入生产中，以提高劳动生产率。土地的广阔使美国的地租相比之下变得廉价，为美国制造业企业扩大生产规模提供了生产空间。美国也是一个资金充沛和富有效率的国家，这一点我们从美国工业体系建立之初就可以窥见一斑。19 世纪初，美国开始涉足机器制造业。除了采用英国的机器，美国还发明了多种机器，如农业机器、缝纫机、制鞋机等。到 19 世纪中叶，随着机器制造业的强大，美国开始将本国生产的机器大量用于其他工业部门。19 世纪 80 年代，美国的生铁产量、煤炭产量及棉花和生丝分别于 1890 年、1895 年和 1899 年位居世界第一位。进入 20 世纪之后，美国工业在世界上的领先地位进一步提高。1913 年，美国工业生产总量相当于英国、德国、法国和日本 4 国的总和。在机器制造、石

油化工、汽车、电器等新兴制造业部门的生产上大大领先于其他工业化国家。

但是,美国的经济20世纪70年代之后进入衰退期。1980年,美国GDP下降了0.2%,失业率上升了7.1%,消费者价格指数和生产者物价指数分别上涨了13.5%和13.4%,综合物价指数上涨程度甚至超过了第二次世界大战后初期的1946年。美国制造业的衰退既有传统产业,也有新兴部门;既有一般技术部门,也有高新技术部门。长期以来,钢铁和汽车是美国的支柱产业,在这一时期,这两个产业也被日本超过。信息技术的出现为美国制造业的发展提供了重大契机,20世纪90年代,美国开始在传统产业中引入信息技术,对传统产业进行脱胎换骨的改造,推动传统产业向现代化产业转变。美国对钢铁业进行了全面的技术改造,通过采用新技术,实现生产自动化和计算机化,提高了钢的产量和质量。经过革新的美国微型钢厂采用电弧炉技术回炼废钢并制成基本钢产品,比传统方法生产的钢厂生产成本更低,效益更高。

由技术创新推动高速发展的信息产业、汽车、建筑和钢铁构成美国的支柱产业。在这一过程中,美国政府关于制造业工艺创新发展的各项财政政策为美国制造业在工艺创新发展道路上提供了强有力的保障。

1. 财政科技投入政策

美国政府对制造业工艺创新的财政科技投入以各种科技发展计划为依托,自1990年开始全面推进美国制造业的复兴计划。1990年启动先进技术计划,作为美国政府在各联邦机构间为协调发展先进制造技术而采取的第一个政府行动。国防部1990年提出了含21个技术领域的国防关键技术计划;美国竞争力委员会1991年提出了含五大类23个关键技术的《赢得新优势——未来技术发展的优先领域》;1993年2月,克林顿政府凭借先进技术计划(ATP)、信息高速公路计划(NII)、生物技术计划(人类基因组计划)、环境保护计划(清洁能源和清洁车辆计划)四大子计划来具体推进关键技术计划;1993年实施先进制造技术计划(AMT);1994年,美国商务部推出面向制造应用系统集成(SIMA)计划;1995年,美国发布敏捷制造使能技术战略发展计划(TEAM);1997年推出"下一代制造行动框架",首次正式提出重点发展工艺水平和增加对一些重点领域的知识与了解;1998年,美国进一步制订了集成制造技术路线图计划;2004年,布什总统强调要加强"小企业研究开发计划"和"小企业技术转移计划",以推动制造业的技术创新;2004年,美国国会通过了《2004年制造技术竞争能力法》,强调要通过财政支持发展新的制造技术,提高美国的制造能力;布什政府2006年开始推行美国竞争力计划。通过这一系列技术发展计划,美国联邦政府帮助工业界开发了无数具有潜在市场竞争力的技术项目。2007年,国防部用于基础研究和应用研究的资金为59亿美元,较2006年增加了4.4亿美元,增长了8%。

事实证明,这一系列的技术发展计划不仅保证了美国在世界先进制造业中的龙头地位,而且拉动了美国整个经济的复苏。据不完全统计,截至2006年,美国联邦政府对制造业科技发展的投入已达500多亿美元,这还不包括美国各个州政府科技投入计划的资金投入,如果再将实施项目中企业的相应配套资金计算其中,那么美国自1990年以来每年投入到制造业科技创新中的资金是非常巨大的。在小布什政府时期,房地产被确定为美国的支柱产业,华尔街金融业所谓的金融创新促使美国的金融业畸形膨胀,并导致了

2008年美国的金融危机和制造业的衰退。即使在虚拟经济大行其道的经济环境下,小布什政府仍然在2006年推出了美国竞争力计划的财政资助计划,从该计划可以直观地看到美国政府对制造业工艺创新的财政科技投入的真实情况和发展规划。美国竞争力计划财政资助规划资金见表3.1。

表3.1 美国2007—2016财政年度资助计划　　　　　单位:10亿美元

获取资助的机构	2006财政年度资助资金	2007财政年度资助资金	增加比例/%	2016财政年度资助资金	2006年为基数增加比例/%
国家科学基金会	5.58	6.02	7.8	11.16	100.00
能源部科学办公室	3.60	4.10	14.0	7.19	100.00
商务部国家标准和技术研究所	0.57	0.54	−5.8	1.14	100.00
总合计	9.75	10.66	9.3	19.49	100.00

资料来源:Intersociety Working Group. AAAS Report:Research & Development FY 2008.

2008年发端于美国的金融危机席卷全球,世界各国均认识到应该改善虚拟经济与实体经济之间的平衡状态。2009年底,美国政府提出要重振制造业繁荣,实现经济的可持续发展,并将制造业确定为美国核心产业。美国政府将振兴制造业、高端制造业回归、发展先进制造业这些计划提升至国家经济发展的战略高度,并出台了一系列政策措施,为促进制造业的回归营造有利的政策环境。接下来,美国政府密集地推出了一系列重振制造业的战略计划,美国国会则适时地出台相应的法案为其顺利实施保驾护航。2009年12月颁布《重振美国制造业框架》,2010年8月美国国会通过《制造业促进法案》,2011年2月发布《美国创新战略》,同年6月发布《先进制造业伙伴计划》,2012年2月发布《先进制造国家战略计划》,同年3月正式启动国家制造业创新网络计划,投资10亿美元预计建设15个国家制造业创新中心,2013年3月修订2009年路线图,推出《机器人技术路线图:从互联网到机器人》计划,2014年6月投资6亿美元实施《学徒计划》,为制造业培训学徒,2014年10月发布《振兴美国制造业2.0版》,同年11月美国众议院通过《振兴美国制造和创新法案》,2015年10月发布《美国创新战略》。这些振兴制造业的计划与法案将美国先进制造业领域聚焦在纳米技术、先进陶瓷、光子及光学器件、复合材料、生物基和先进材料、混合技术、微电子器件工具开发、工业机器人、卫生保健、清洁能源、生物技术、空间技术、先进制造技术等领域,国家在这些领域给予重点的资金支持,该领域的企业除了享受关税及国内税收减免,国家在学徒培训、技术鉴定与转化、产品商业开发与市场推广方面均给予企业相应的政策扶持,可以说打造了一个立体的战略实施方案。据美国补贴政策通报披露,美国2013、2014财年在科技研发上的投入分别为24.69亿美元和27.61亿美元。奥巴马政府通过《美国创新战略》鼓励建设科研平台,运用多样化的手段促进企业创新,截至2016年2月已经建成7个国家制造业创新中心。

2.税收政策

税收政策是美国政府更倾向于使用的创新财政支持政策工具,通过税收政策来鼓励和激励企业进行创新活动,引导企业从事符合国家发展战略方向的技术开发。20世纪八九十年代,是美国密集调整税收政策,运用税收政策激励制造业创新活动的重要时期,美国联邦政府一直不断地调整用于研发与创新的税收激励政策。

美国法律规定,从事制造业工艺创新的企业经税务部门同意,可以自行决定采取类似折旧的办法逐年税前扣除研发费用,扣除年限一般不少于5年;也可以将研发费用在发生当年作为一次性费用进行税前扣除。1981—1985年,企业用于应用研发的科研费用,如超过去3年平均数或当年数额的50%,超出部分可获得25%的税收减免,直接在当年国内应纳所得税额中全额抵免;1986年开始,将25%的税收减免,降低为20%,并将这一优惠税率转变为永久性措施;1987年,将国内应纳所得税额全额抵免改为国内所得减免50%,配置减免50%;1988年,将这一优惠税率分别改为国内所得减免64%,配置减免36%,以后一直保持这一优惠税率不变。1981年,美国的《税收平等与财政责任法》规定:购买经济寿命超过7年的研究开发设备,给予设备购入价格10%的税收优惠。之后又规定购买使用年限在5年以上的资产设备,可以按购入价格10%直接抵扣当年的应缴税款;购买使用年限3年的生产设备,按购入价格6%抵免应交税款。制造业企业为完成某些应用研究委托大学或科研机构进行的基础研究,可根据合同约定支付金额的65%直接从公司所得税中抵免。

作为工艺创新的主体,企业的积极性直接影响工艺创新研发成果的市场转化率。为了激励企业从事工艺创新的积极性,美国政府试行针对企业的研究和实验联邦课税免除,计划对企业从事工艺创新活动所发生的研究和实验联邦课税予以免除,降低企业部门研发投资的有效成本,提高企业投资中长期研究的积极性,以助于确保制造业企业在纳税规划中更大胆地确定自己的研发投资战略。同时,注重推行课税免除的简单化和现代化,以激励私营部门的创新更有效和更具效率。

美国每年研发投资总额高达2 000亿美元,政府直接财政科技投入约占1/3,私营部门的投资份额约占2/3。政府财政科技投入主要倾向于基础研究,重在解决困扰科技发展的基础性课题,而私营部门的研发投入更多的是投向应用研究领域。近些年受到规模效应增长极限和资源的约束,私营部门的研发投入及时地转向符合企业及客户要求的产品生产工艺和制造业计划方面。针对私营公司的研究和实验联邦课税的免除可鼓励制造业企业加大研发投入,吸引企业增加应用研发投入,美国政府希望将这一免税政策永久化,以提升企业进行中长期研发的信心。美国2007—2016财政年度研发课税免除的预算支出见表3.2。

表 3.2　美国2007—2016财政年度研发课税免除的预算支出　　单位:10亿美元

年度	2007	2008	2009	2010	2011	2012	2013	2014	2015	2016	合计
支出	4.4	5.9	6.9	7.7	8.3	9.0	9.7	10.5	11.4	12.3	86.4

资料来源:Council on Competitiveness,"U. S. Competitiveness 2001".

在美国密集的税收政策调整下,美国企业的研究开发支出也得到了大幅提升,由政府的税收优惠政策所引发的引致投资大幅增加。美国从1980年开始实际研发支出超预算,在税收政策不断调整的阶段,超预算比例不断提高,到1984年达到26.8%,由税收优惠政策所带来的创新研发投入预期不断向好,具体见表3.3。

表3.3 美国1975—1984年预期研究开发支出与实际研发支出比较　　单位:亿美元

年度	预期研发支出	实际研发支出	差额/%
1975	257	235	−8.5
1976	280	262	−6.4
1977	309	289	−4.9
1978	432	321	−6.1
1979	381	367	−3.6
1980	419	427	1.9
1981	459	499	8.7
1982	484	568	17.4
1983	513	644	25.5
1984	551	699	26.8

资料来源:Joseph J. Cordes:Tax Incentives and R%D Spending:A Review of the Evidence,Research Pliicy,18(1989),P.119-133.

与奥巴马政府选择直接投资扶持制造业企业开展创新活动和建设制造业创新中心,以吸引私营企业对科技创新活动加大投资的模式不同,特朗普政府削减了对研发经费的财政直接拨款,而选择主要通过企业税改鼓励企业增加研发支出的投入。但是即便如此,美国在2017、2018年用于鼓励技术创新研发的财政补贴支出仍然高达13.9亿美元和15亿美元。针对中小企业是创新市场的主力,但是研发资金不足的情况,美国政府通过发挥财政资金的杠杆效应,经小企业管理局(SBA)审批,引导私人资本和SBA组成创业投资基金,政府拨款在这一过程中仅发挥向市场提供融资担保和监管服务的功能。这种建立政府引导基金的发展模式运作成熟,致力于帮助中小企业获得企业发展所需的权益资金和长期贷款。

美国为激励企业的技术创新所采取的税收优惠措施覆盖了企业研发的全过程,从针对研发费用的减免,到给予研究开发设备和购置设备的税收减免,从税收减免时期到税收减免税基、税种、税率,可以说美国针对企业技术创新的税收优惠政策是综合性的、全方位的。特朗普政府更是将这种激励措施更深入地推进。2017年年底,特朗普政府签署了《减税与就业法案》,该法案将美国企业所得税税率由35%降至21%,同时取消可替代最低税负。对于自海外利润汇回美国的利润可享受较低的一次性遣返税,并取消之前的35%的企业所得税征收。新设"海外无形资产所得税"(FDII),对来源于境外的无形资产的产品和劳动所得给予13.125%的优惠税率。相比之前统一征收35%的企业所得税,该条款对吸引海外拥有自主知识产权的高科技企业回归美国,并鼓励美国本土企业向境外出口相关产品和服务具有非常大的吸引力。

3. 政府采购政策

公共采购政策是美国政府促进企业技术创新活动的重要手段,其主要目的是解决技术创新成果上市之初面临的有效需求不足的矛盾。这样的措施一般会选择在产品开发初期,新产品推广上市时进行。美国政府支持技术进步的公共采购政策可以分为两大类:其一是与公共采购有关的研究开发政策,主要是指与公共采购或者其他明确阐明的公共目标相联系的政府研究开发政策;其二是直接政府采购政策。美国的创新经济学家 Richard R. Nelson 指出,进取型公共采购政策是旨在促使公共部门所使用的技术进步的一个方面,而且其可能具有某些非政府类型的应用价值,这种公共政策是在这些领域中政府研究开发支持活动的补充品而不是替代品。

美国的政府采购分为一般办公用品采购和军事用品采购。一般办公用品的政府采购与制造业工艺创新联系的主要有打印机、复印机、办公用计算机、汽车等具有一定科技含量的用品采购,相对来说数量有限。大宗的政府采购主要集中在军事用品采购方面,主要原因是军事用品与技术创新的联系最为紧密,并且美国的多数民用技术大多都是从军事技术转变过来的,美国政府也一直致力于开发军民两用技术。但是新产品推向市场之初的有效需求不足成为新工艺技术向民用技术扩散的瓶颈,为了市场的需要,同时也是为了获得卓越的产品性能和优良的技术标准,美国国防部和 NASA 成为美国制造业企业技术创新产品公共采购的最大客户。

在美国国防部的政府采购过程中,国防部担当着技术引导者和产品需求者的双重责任。国防部为具备准确定义的技术方向配置研究开发资金;为探索技术替代活动提供资金援助;积极参与在政府采购中中标企业的工艺工序改进,由国防部人员组织制造商进行磋商,开发并实施这一计划。美国政府授权国防部用于改进制造商生产工艺工序改进计划的各财政年度拨款为:①2007 财政年度为 2 000 万美元;②2008 财政年度为 4 000 万美元;③2009 财政年度为 6 000 万美元;④2010 财政年度为 8 000 万美元;⑤2011 财政年度为 1 亿美元。

美国的公共采购合同中除了包括采购商品的数量、金额、性能、型号等内容,还包括政府给予中标企业提供的补贴,用于弥补企业开发的技术用于民用开发上可能产生的固定成本的亏损和因特殊设计而增加的研发成本等。

在美国政府采购的过程中,美国政府给予了正在成长的小企业更多的机会,更愿意与新公司订立合同并从新公司购买新产品,以发现民间正在研发、可以提高行业技术标准的新工艺技术,为他们的发展提供资金支持和金融帮助。政府一般会为中小型创新企业预留出政府采购合同总金额的 20%,用以扶持中小企业的创新研发活动,提高这些企业创新产品的产业化率。通过政府采购,美国政府控制着制造业工艺创新的方向、速度和规模。美国《联邦采购条例》规定,大于 50 万美元的货物、服务采购项目或大于 100 万美元的工程采购项目,23% 合同金额必须给予中小企业。美国推出"小企业创新研究计划""制造业扩展伙伴计划(MEP)""国家制造业创新网络计划(NNMI)"等创新计划,加大对中小企业发展先进制造业的资金扶持。

4. 风险投资政策

美国是风险投资非常发达的国家,但是风险资本 1994 年以前投向工业产品及机械、工业自动化、能源领域的资本金额一直低于 10 亿美元。高新技术的出现满足了风险资本追逐高收益的本性,当信息技术被引入制造业,使制造业重获新生之后,风险资本也开始不断地流入制造业。流入制造业的风险资本主要关注高成长性、高收益性的中小创新型企业。可以说美国的风险资本与高技术中小企业的发展须臾不可分割。为了促进制造业中小企业的发展，美国公共部门资金成立了风险基金，由政府机构为公共部门提供资金，其运作形式多样化，有政府全额出资的风险投资公司，也有政府与私营企业合作经营的股份制风险投资公司，还有政府以债权人身份借款给私营企业成立的风险投资公司。这些风险投资公司的主要目的是促进政府经济发展战略规划下的行业发展，为这些行业中的中小企业在不能获得银行贷款和政府财政支持的情况下解决项目运作资金问题，并促使其产品尽快市场化。因此，这种风险投资公司都有政府的影子，并不是严格金融意义上的风险投资基金。这种风险投资公司资金的存在是为了填补金融机构资金对中小企业工艺创新活动扶持的覆盖盲区，同时为了降低政府财政资金所承担的风险引入了私人资本。因此，这种风险投资资金虽然有私人资本在其中，但其本质仍然属于政府财政资金的性质。

二、日本制造业工艺创新财政支持政策

第二次世界大战使日本原有重要工业设施受到严重摧残，工业生产能力降到几乎为零。为了尽快重建制造业工业体系，日本政府抓住机遇，集中有限资金重点支持支柱产业发展，并通过支柱产业的发展带动整个国家制造业产业发展，这也决定了日本工业技术的发展具有明显的政府指导的特征，也奠定了日本工业发展的模式。政府通过财政投资对日本制造业的发展和国民收入的增加产生巨大的推动力。日本政府对制造业工艺创新的财政支持政策主要集中在20世纪50年代到90年代，近些年随着日本企业的不断发展壮大，日本政府对制造业工艺创新的财政支持不断减少，转向加大基础研究投入。因此，本书对日本制造业工艺创新财政支持政策的考察时间跨度主要集中在20世纪50年代至90年代这一日本经济高速发展时期。自20世纪50年代开始，日本财政对产业的直接投资带动私人投资的不断增加。在1960—1976年，日本政府公共投资的私人引致投资比率为0.68。也就是说，政府的1元投资将引起私人0.68元的相应投资。此时的日本制造业除了获得政府提供的各种补助金，还会得到美国为日本企业提供的大量经济援助。

日本政府积极出台各种财政政策和产业政策，为进行设备和技术革新的企业提供财政补贴、低息贷款和税收优惠。1973年是日本支持制造业财政政策导向的转折点。经过多年的重工业发展，日本的生态环境出现了严重恶化，在20世纪70年代出现的能源危机，使日本政府意识到，制造业的发展应适应社会、经济的要求，应发展有助于提高国民福利和推进国际合作的产业技术，基于计算机辅助设计和辅助制造的设计开发能力，以及制造附加价值高的独创性产品的生产开发能力，是其今后维持现有状态和进一步赢得新的国际竞争力的重要因素。日本政府注重开发创造性的科学技术，增加政府对研发的投入。1967年，日本政府创设了增加实验研究费税额扣除制度，1968年开始实施重要技术研究开发补助金制度和日本开发银行国产技术振兴资金融资制度。日本产业界则以惊人的速度推进生产设备的现代化。在钢铁部门引进了带钢轧机、氧化炼钢设备、大型平炉；在煤炭部门正式开始机械化采煤并实现从斜坑向立坑方式的转变；在造船部门广泛采用分段造船法和电焊接法；在化工部门建立高分子化学工业并开始制作盘尼西林、DDT等新药；在纺织部门开始生产尼龙、维尼纶等，迅速完成了战略性支柱产业的设备现代化。

日本政府对企业研究开发活动的资助和支援是通过立法形式进行的,主要手段是减免税金、提供低利息贷款和补助金等。

1. 国家财政补贴政策

国家补贴政策是日本 20 世纪 70 年代中期之后促进制造业发展的主要财政支持政策,主要包括补助金政策和低息贷款政策。日本政府提倡用相对少的政府资金投入,引导并刺激企业在国家产业发展框架内向科研投资的积极性。虽然日本的科技研发经费主要以企业投入为主,但是为了促使企业更合理地利用研发投资资金和符合国家的产业发展方向,日本政府在科技预算中拿出大约 78% 的经费用于资助按照政府的科技计划开展科学研究的民间企业和研究机构。

(1)财政补助金。

日本政府对制造业企业进行财政资金投入的原则是,凡是企业科研机构的研究计划属于国家产业发展框架内,与政府科技计划和各部门的科技发展目标相一致的,政府就在资金上给予支持,资助范围相当宽泛。有关电子计算机工业的政策补助金见表 3.4。

表 3.4 有关电子计算机工业的政策补助金　　　单位:亿日元

资助项目	期间	金额
根据电振和机电法资助的研究开发补贴	1957—1972	27
FONTAC 补助金	1962—1966	3.5
超高性能计算机开发	1966—1971	100
对信息处理振兴协会的资助	1971—1983	230
图像信息处理系统的开发	1971—1980	220
计算机新机种开发促进资助	1972—1976	571
外围设备开发资助	1972—1976	45
集成电路开发费用资助	1973—1974	3.5
信息处理产业振兴对策资助	1973—1975	30
商工会议所引进租赁费补贴	1974—1977	22.9
软件生产技术开发计划	1976—1981	66.2
超大规模集成电路研制资助	1977—1980	291
新一代计算机基本技术开发促进资助	1979—1983	222
科学技术用高速计算机系统	1981—1989	230
新一代产业基础技术研究开发制度	1981—1990	250
第五代计算机研究开发计划	1981—1990	1 000

资料来源:《日本的产业政策》1986 年

1952 年实行奖励补助金制度,直接由政府支付企业进口最新式机械价格的一半。为了鼓励国外先进机械在国内生产,政府对进行国内试制生产企业的产品给予相当于成本一半的补助金。为了鼓励私营企业进行技术革新,日本国营企业还为私营企业提供廉价的运输和水电等。地方政府也会适时地配合中央政府的产业发展政策,为从事工艺创新的制造业企业提供各种政策性优惠,如:降低新兴工业建设用地价格,免费提供厂外的公共设施,减收几年内的土地税和所得税,以及提供低息贷款等。为促进电力、钢铁、海运、煤炭等基础产业发展,政府推出了以促进四大产业发展为中心的复兴政策。成立以支持新技术工业的发展为目标的日本开发银行,解决高新技术企业在发展过程中融资难的问题。同时,设立工矿业技术实验研究费补助金制度以支持企业的应用创新研究开发等。1968年,日本政府将工矿业技术实验研究费补助金制度改革为重要技术研究开发补助金制度,扩大了补助金的资助范围,重点对那些在产业政策方面要求急需开发的重要生产技术及对那些产生巨大波及效应的核心技术,特别是对那些提供补助金就有可能提高开发效率的技术开发活动给予高额补助。1966年,为促进新技术和新产品的开发提供大型工业技术研究开发委托费。1967年,推出旨在促进中小企业技术开发的技术改善补助金。1968年,实施促进民间运输机械开发费补助金。1972年,实施促进电子计算机开发补助金。1981年,实施下一代产业基础技术研究开发委托费。1970—1980年,日本政府技术研究开发费补助金提供状况见表3.5。

表3.5 日本政府技术研究开发费补助金提供状况 单位:千日元

年度	申请项目数	提供项目数	采纳率	提供金额
1970	123	53	43%	1 596 600
1971	126	57	45%	1 928 000
1972	109	53	49%	2 254 000
1973	118	68	58%	3 260 648
1974	175	85	49%	4 159 000
1975	184	104	57%	3 895 800
1976	192	133	69%	3 851 704
1977	177	105	59%	3 403 038
1978	130	87	67%	3 036 560
1979	184	88	48%	3 066 200
1980	137	84	61%	3 041 477

资料来源:《日本通商产业政策史》1996年

日本在20世纪90年代经济进入衰退停滞期,但是政府通过产业政策来引导和鼓励企业从事先进制造业产业发展,并颁布了一系列鼓励创新的政策措施。1985年又制定了《促进基础技术开发税制》,实行税金扶持政策。1999年,政府对支持中小企业成长的《中小企业基本法》进行修改,转变传统资助扶持大型企业的支持方向,转而促进中小企业的创新、投资,不断深化日本制造业企业的先进制造技术,增强中小企业的活力。通过1994年度各研究机构的研究经费可以窥见一斑,见表3.6。

表3.6 日本各种研究机构1994年度研究开发经费投入比例

机构	基础研究	应用研究	发展研究
企业所属研究机构	6.8%	22.2%	71%
国立科研所	18.5%	27.8%	53.7%
大学	52.65	38.4%	8.95%

资料来源:《科学技术白皮书》1995年

进入21世纪之后,日本政府将科学技术发展投资增加了一倍,研究开发经费占GDP的比例到21世纪初达到欧美国家的水平,科学技术经费总额达到17万亿的规模。2002年发表的《日本制造业白皮书》中,明确提出了重新确立日本制造业优势的政策与战略,强调制造业必须保持自身的技术优势,在开发新技术的同时,防止技术外流,并限制一些尖端制造设备和核心部件生产的外移,强调要通过技术创新重振日本制造业雄风,加强在信息家电、环境与能源、纳米与新材料、医疗与生物工程等领域的技术研究开发,将日本本土建成这些最尖端技术领域的研究开发及生产基地。

(2)低息贷款政策。

第二次世界大战后的日本制造工业体系是在几乎为零的基础上建立起来的,为了尽快建立起完善的工业体系,日本政府认为必须依靠国家的力量,集中有限资源和资金来推动制造业的快速发展。因此,Paul Herbig认为,在本质上,日本并不是一个自由市场经济,它是一个由商业卡特尔和政府利益支配的命令经济。在日本对制造业企业的低息贷款政策方面,这一点表现得尤为明显。

日本政府对企业低息贷款的主要职能是促进企业的研发活动开展,因此政府以低于市场利率给予企业的优惠贷款利率向从事工艺技术创新的企业提供研发资金,利息差额就可以视为政府向从事创新研发企业提供的补助金。日本开发银行和中小企业金融公库全权负责日本制造业企业的低息贷款事宜。日本的国产技术振兴资金贷款制度包括:1951年设立了新技术企业化贷款,1964年设立了重型机械企业化贷款,1968年设立了新机械企业化贷款,主要目的是促进国内开发新技术、新产品的实际应用和商品化。1970年,将汽车零件生产也纳入国产技术振兴资金贷款制度的资助范围内,1972年又将这一贷款优惠措施扩展到在研究开发中使用的、明文规定可以使用两年以上的实验用机器设备、分析用机器设备及测定用机器中和精密仪器。为了促进新技术成果的转化,1980年将新技术贷款转为新技术开发贷款,并将处于实验阶段的企业新技术研发所需设备也作为提供低息贷款的对象。有关电子计算机工业的财政投资及贷款见表3.7。

表3.7 有关电子计算机工业的财政投资及贷款　　　　　　　　单位:亿日元

贷款项目	期间	金额
根据电阵法对计算机产业贷款	1966—1971	44
用于软件开发的开发银行贷款	1970—1973	90
促进联机及信息处理系统化开银贷款	1972—1973	15
电子计算机产品机构改善贷款	1972—1982	30
根据机电法对电子计算机产业贷款	1972—1977	77
对日本电子计算机公司贷款	1961—1982	5 235
承购信息处理振兴金融债券	1970—1982	1 163
电子计算机系统安全对策贷款制度	1978—1980	85

资料来源:《日本的产业政策》1986年

2. 税收政策

税收减免是日本在20世纪70年代以前激励企业进行工艺创新的最重要的财政政策

工具。为了促进日本企业的研究开发和投资,并积极地引进国外先进的生产技术和设备,日本政府广泛地对制造业企业使用税收减免政策,将国家给予从事创新的制造业企业的各项优惠分摊到创新活动的每一年,以保证企业进行技术创新活动的积极性和持久性。

1952年制定的《企业合理化促进法》,规定对重要产业的现代化设备实行加速折旧制度,同时对那些国民经济急需的新设备的制造和试用,免收3年的法人税或所得税,每年有200多种设备可获得税收减免,减免税额达到近40亿日元。对电力、钢铁、海运、煤炭四大基础产业的制造业企业实行特别折旧率以吸引对这些领域的私人投资,对实验研究设备及新技术企业化设备等的课税作为特例加以减免;对重要机械设备的进口减免关税;对重要外国技术使用费降低其源泉税率并奖励技术进口;严格限制汽车进口,期限为10年以上,以保护培育国内汽车工业;设立矿工业技术实验研究费补助金制度以支持企业进行技术革新。

1966年,实施扣除试验研究费税额优惠政策。该政策规定:如果企业进行试验研究所需费用超过过去每年试验研究费的最高额,按超额部分的10%比率扣除税额。1976年将这一比率提高到20%,并延续研发支出额至今。符合条件的研发费用,可按下列规定直接抵免应纳税额:研发支出最多的一年的研发支出额超过次多年份研发支出额15%的,可直接抵免税额,但抵免额最多不超过应纳税额的12%或14%;用于基础技术开发研究的折旧资产,可按当年这项支出的5%从应纳税额中抵免;中小企业研发支出的一般抵免可改按当年研发支出全额的10%抵免,但不超过公司税的15%;在有效利用能源、废物利用及在疑难病症的治疗方面的特殊研发支出和与政府研究机构联合研究方面的专项支出,可按6%的比例额外抵免。同时还规定,在科技开发区内投资总资产超过10亿日元的高科技公司用于研发活动的新固定资产,除了进行正常折旧,在第一年还可根据购置成本,按规定的特别折旧率实行特别折旧,其对某些特定产业和项目加提的特别折旧率,最高可达正常的55%。

为了促进企业工艺技术创新的积极性,政府于1951年、1953年、1956年分别出台了一系列关于引进外国技术的税收优惠措施,并沿用至今。其中规定:企业向国外提供工业产权、技术诀窍、著作权和咨询服务等获得的收入,分别可按28%、8%、16%,但是以不超过收入的40%为限,计入亏损额;废除在引进外国技术时,外国法人支付的预扣赋税率;对于日本本土不能生产且经济发展必需的新式或高性能产业用机械产品,免征进口关税。

通过一系列的税收激励措施,日本制造业争相开发新技术、新工艺。便携电子设备用小型燃料电池技术、手机用生物塑料新材料、全球领先一步的芯片布线技术,以及用途广泛、日趋成熟的机器人技术等,诸多先进技术及其工艺被相继开发并实现生产运用。这种新技术的开发与应用成为日本制造业成长运行的最重要组成部分。有关电子计算机工业的税收优惠措施见表3.8。

表 3.8　有关电子计算机工业的税收优惠措施　　　　单位:亿日元

期间	措施
1951—1971	合理化机械特别折旧制度
1961—1966	新购置重要物资免税制度
1968 年开始	电子计算机购置损失准备金制度
1970—1978	电子计算机特别折旧制度
1971—1980	对电子计算机减征固定资产税制度
1972—1979	程序保证金制度
1978 年开始	重要复合机械装置特别折旧制度
1978 年开始	促进投资在产业间转移的税制
1979 年开始	通用软件开发准备金制度

资料来源:《日本的产业政策》1986 年

从 1985 年起,日本政府为促进高技术产业的快速发展,每年减少税收 1 000 亿日元,并先后制定了《促进基础技术开发税制》《增加试验研究费税额扣除制度》等税收优惠政策以支持制造业高新技术研究与开发活动。这些税收优惠政策规定:对于购置用于基础技术(指新材料、尖端电子技术、电气通信技术、宇宙开发技术等)开发的资金全部免征 7% 的税金,后来又规定对以下项目免征 10% 的税金:尖端电子、高性能机器人、新材料、生物工程等的研究经费及相关的机械设备和建筑物。其中,《电子计算机购置损失准备制度》规定,日本计算机生产商可以从销售额中提取 10% 作为准备金,以弥补万一的损失。除此之外,通产省还要求国会对制造业高新技术研究开发、商品化和产业化的各个环节实行全面的税收减免优惠政策。

1985 年的"广场协议"之后,日本政府为了避免继续扩大对美国的贸易顺差,主动接受了美国对其经济发展的制约,背地里却采取将本土生产产业链逐步转移至中国大陆及东南亚等国的方式,借助第三国减少日本对美国出口贸易的顺差。留在日本本土的企业保留基础性研发部门,通过提升国内生产的中间产品的附加值保持企业从产业链中获取利润的能力,提升本国企业在产业链中的重要性。随着政府对企业研发支持资金的减少,政府将更多的基础研发资金投入到大学中,企业在基础研发中的地位明显下降。由此,我们不难发现,"广场协议"改变了日本政府对企业工艺创新的扶持发展态度,随着产业链的转移,日本企业工艺创新的外溢效应不断减弱,企业的研发方向也转向基础研究,逐渐形成了目前大量制造业产业链在日本本土以外的局面。

三、德国制造业工艺创新财政支持政策

德国制造工业体系的建立始于德国工业革命,期间经历多个国家政治经济动荡的时期,但是德国工业体系一直保持完整的传承体系和高涨的生产积极性,采取开放的贸易政策,积极地参与国际的协定和组织,扶助企业做大做强,提高劳动生产率,为国家渡过难关提供了经济保障。重化工业和电气工程是德国制造业的支柱产业,产业优势主要集中在汽车制造、机械制造、制药化工等传统高端制造业,强大而发达的制造业为德国顺利度过历次经济危机提供了坚强的保障。但是随着人工智能和数字化经济的迅速发展,德国经

济的发展速度明显慢了下来,为了在这两个领域获得并保持竞争优势,德国先后在2013年、2019年推出了"工业4.0""国家工业战略2030"战略。这两个战略具有明显的政策连续性,反映了德国政府对德国国内产业变革需求的回应和指导,也透视出德国产业政策对新的国际产业发展的参与决心。

在德国多个政治经济动荡时期,德国政府和产业界一直保证制造业充足的资金流。首先,德国利用外资引入外国技术,为制造业发展寻找根本出路。1929年,德国引入外资中长期贷款为150亿帝国马克,短期贷款为70亿帝国马克,充裕的资金为德国经济的发展提供了坚实的保证。其次,德国银行介入制造业的发展。随着德国工业的全面发展,银行几乎在每一个新的领域都参与了开发与发展的活动,直接参与工业公司的管理工作,强调发展资本密集型的重化工业,积极推动制造业企业和卡特尔的形成。

1928年,德国的电子技术、化学工业、精密机械和光学工业等居于世界领导地位。19世纪末到20世纪初,德国化学工业综合利用新技术,可把更多的生产企业组织起来,有效利用副产品,使用化工产品多品种、精细化的特点;钢铁企业采用大高炉技术后,产品成本下降,产品质量和品种明显增加。在第二次世界大战之前,德国新兴工业产业发展增长迅猛,化学工业、机械制造、钢铁、煤炭、电气等产业已达到世界科学和技术发展巅峰。在战争期间,德国的航空、人造燃料、化工、冶金、造船、机械制造、电气等重化工业得到空前发展。1936—1944年,冶金工业净产值增长率为145%;化学工业的净产值增长率为224%;液体燃料增长率为313%;电机工业增长率为189%;航空工业增长率为533%;造船工业增长率为183%;机械制造工业由1936年的26.15亿马克增长到1944年的50.65亿马克;建材工业增长率为55%。在第二次世界大战结束之前,德国的制造工业已实现了现代化,随着科学技术的发明与发现不断涌现,新兴产业被注入了强大的活力,并很快形成生产能力,不断创造出更高的产值。

1. 财政科技投入政策

德国是唯一实行"社会市场经济"模式的国家,强调国家在市场经济中主要负有调节义务,摒弃了国家在经营与投资方面的决定作用,规定在市场活动的框架条件下,企业和家庭的生产经营状况由其自主和独立决定。在这种模式下,国家对经济发展的直接干预程度可能比较小。

德国企业是技术创新的主体,尤其是在技术与产品开发方面,企业拥有绝对的主体地位,大企业和公司通常将技术开发和产品开发作为企业长远发展的重要方面。企业的技术产品开发经费通过自筹方式解决,政府对企业研究与开发资助是有选择性的,并通过主导项目进行实施,只有符合国家战略性开发的重大项目,政府才会给予适当的资助。政府所支持的重点领域和重点项目采取投标竞争方式,对于中标的企业和研究机构,政府都有配套资金和项目经费的支持。

为了帮助中小企业开展技术革新,德国政府设立中小企业研发基金,对中小企业研发过程中的项目、设备或人员进行资助。为了进一步鼓励企业尤其是中小企业开展科研活动,联邦政府除了通过税收优惠待遇和投资优惠待遇予以间接资助,从1978年起还以为中小企业从事合同科研提供特别津贴的方式予以直接的资助,负责企业特别是从事开发新技术、新产品、新工艺的中小企业,由弗劳恩霍夫协会出面协助解决其创新发展中的组织、管理问题。弗劳恩霍夫协会每年的研究经费1/3来自联邦和各州政府,用于前瞻性的研发工作。1983年起,德国政府还与国家银行、企业共同投资,在全国范围内建立了80多个科技中心或创新中心。新企业在中心立足的头3年里可得到政府的资助。

德国政府1999年度财政加大了对科学、研究与技术创新的资金投入力度。对技术创新投入费预算从1998年的140.97亿马克提高到150.01亿马克,增长幅度为6.7%。与1998年相比,用于资助技术创新项目的经费增加了1.2亿马克,总额达到30亿马克,经费资助重点涉及生物基因技术、信息技术、生态研究、交通机动性研究、健康研究、就业岗位创新性研究及技术结构等多个领域的应用研究与开发。2000年,德国政府拨付的国家研究中心所需经费为37.8亿马克,地方政府的配套经费为4.2亿马克。2001年,有30亿马克投入新的联邦州,用于创新园区特别项目,以推动地区创新。

根据2002年研究事实报告,联邦和州1998年共同为研究与发展支出约158亿欧元,2000年额定值是160亿欧元。政府提供的经费约占德国总研究与发展费用的32%。政府的研究与发展经费超过1/4的比例用于由联邦与州政府共同资助范围内的机构式资助。2000年,在已划定界限之内的共同研究资助经费实际值总计为45亿欧元,2001年额定值达到47亿欧元,其中近2/3的经费由联邦政府承担,联邦和州对不同研究机构提供的资金份额是不同的。另外,还有约50个联邦政府部属研究机构在职责范围内开展各自的科研工作,基本上完全从联邦预算中拨付经费。

自2006年开始,德国出台了促进高科技产业发展的产业政策《德国高科技战略2006—2009》,这是德国第一个国家层级的高科技促进政策,标志着德国的国家产业政策的倾向由自由的市场化转向国家干预和政府指导。在这一产业政策结束之后,2010年德国政府又推出了《高科技战略2020:思想、创新、增长》,接下来是2013年的"工业4.0"战略及2019年推出的《国家工业战略2030》。这些工业产业发展战略明确指出人工智能发展战略、纳米和生物技术、新材料、轻量化技术和量子计算机均属于基础研究,将受到国家的重点支持,其中德国政府更是将人工智能看作可以与蒸汽机相提并论的重要基础研究。值得注意的是,在发展新兴产业的同时,《国家工业战略2030》还提出关键行业,包括:①钢铁、铜和铝;②化工;③机械设备制造;④汽车;⑤光学;⑥医学仪器;⑦绿色科技;⑧军工;⑨航空航天;⑩增材制造(3D打印)。令人迷惑的是,这些行业大多属于德国传统制造业和优势领域。德国政府认为,这些行业事关国家的整体利益,必须采取支持措施予以保持优势地位,通过政府对大企业发展的扶持,帮助企业扩大规模,进而获得国际竞争优势。这样连续推出产业促进政策,在德国历史上十分罕见,代表了德国联邦政府在支持高科技发展上的新趋势。在《国家工业战略2030》中,政府加强对大企业科技创新的扶持力度是显性的,但是对中小企业的技术创新行为的支持近乎没有提到。

2. 税收政策

德国政府认为,税收是调节社会分配和调节经济的重要手段,因此德国税收政策实行统一税则、分别优惠的原则。在经济波动时,会出台临时优惠待遇或限制措施。在经济不景气的时期,会实行低税政策,以扩大需求,提高投资能力。在经济膨胀时期,会适当提高税收,以压缩需求,控制增加投资以保持经济的正常发展。在一般情况下,可以通过不同税种、税率的高低及是否给予优惠等对不同的经济环节,如价格、投资、消费、分配产生影响,为宏观经济改革服务。

为促进制造业的繁荣发展,德国对制造业一直给予各项优惠措施。优惠办法有直接的税收减免,也有间接的加速折旧,而折旧又有递增、递减、直线等数种办法。第二次世界大战后给予发电、煤矿等部门急需的生产设备投资及所得税收减免优惠;新兴工业部门和企业采用先进生产技术开发的生产设备允许大幅度加速折旧;利于提高国际竞争能力或改善国际收支的企业及其活动,如远洋商船队,按较低的营业税率征税;对从事工艺创新的制造业企业发放长期贷款的信贷机构,按低税率征收营业税;对添置处理三废、改善环保的设备,允予在购置当年大幅度折旧。

德国经济 70% 的贡献源自于中小企业,其中绝大部分不具备独立研发的能力。为了帮助这些中小企业开展技术革新,德国政府设立中小企业研发基金,通过特许折旧和积攒折旧等优惠的税收政策进行帮助,促进科技成果向市场转化。为了进一步鼓励企业尤其是中小企业开展科研活动,联邦政府除了通过税收优惠待遇和投资优惠待遇予以间接资助,从 1978 年起,还以为中小企业从事合同科研提供特别津贴的方式予以直接资助。

2001 年开始实行的税制改革充分体现了德国对制造业创新活动的扶持政策。降低个人所得税约 1/3,降低财产税约 2/3 以促进制造业企业和个人工艺创新活动的增加,并刺激企业间、企业与个人间创新成果的转化率和产业化;股份公司和有限公司只需按其盈利收入的 25% 支付公司所得税;对煤钢工业等提供了大量的税收优惠;长期对农业、采煤、交通产业的机械器具提供财政资助。工业企业之间的股息和股票盈利收入公司所得税率由 40% 降到 25%,并不再需要交付资本收益税;股东只需为其股息的一半缴纳个人所得税,且每年有 1 000 马克的免税额。

2001 年实施的税法提高了工业建筑物的折旧比率和不动产的缴税比率,但是把投资于机器制造业的投资人及公司的税收下限从 66.3% 降到 62.3%,充分体现了政府希望一直保持稳定的制造业固定资产投资,发展制造业机械设备行业,减低机械设备的高成本,提供德国机械设备国际竞争力的愿望。

3. 风险投资政策

德国的风险资本发展始于 1975 年。以为中小型创新企业提供资本为目的,由德国 29 家银行共同成立了风险资本协会(WFG)。该协会以股权投资为手段,严格控制投资企业的股权比例,不参与股权投资企业的实际经营管理,并由政府为其贷款损失提供担保。该协会的成立可以看作德国公共资本为促进制造业工艺创新发展,参与风险投资的开始。为了吸引风险资本投资于高技术制造业,德国政府在 1983 年投资 3.25 亿德国马克用于支持新技术企业发展和促进德国风险资本市场发展。到 1984 年底,德国政府投入的 3.25 亿德国马克共吸引了 7.5 亿德国马克的企业资本投资于风险管理与服务行业。

德国银行有着进行中长期工业投资的传统和倾向,但是德国银行的投资偏好也使在德国工业生产中扮演重要角色的中小企业出现了融资难等问题。德国的经济增长和经济竞争力在很大程度上靠中小高新技术企业,个别创新企业甚至超过大企业。为积极资助中小企业的知识转让,强化中小企业创新活动的深度和强度,德国政府筹措创建基金和风险基金。1986 年,德国政府出资 3 亿马克建立风险基金,用于支持创新企业发展。政府和重建信贷银行于 1992 年启动了对中小企业的技术革新贷款资助计划,由政府和银行共同承担风险,以低息贷款方式支持中小企业解决创建和开发高新技术产品时的资金困难问题。1996年,德国政府又出台一个支持中小创新企业的信贷计划,在该计划框架内筹集低息贷款突破10亿马克。在创建风险投资基金的过程中,政府提供的经费主要是做风险担保,私人银行投入占风险投资基金的88%。政府以12%的风险担保杠杆撬动了88%的私人投资。

鼓励创办风险投资公司是德国政府为促进科技进步、加速科研成果转化而采取的重要举措。德国风险投资公司的主要任务是支持推广应用高新技术、支持高新技术创新企业的发展及帮助中小企业提高竞争能力。德国政府采取税收优惠、财政补贴、贷款担保、开辟第二证券市场和监察管理等措施发展风险投资事业。此外,德国政府还将风险投资列入政府计划,每年拨专款予以扶持。

第二节 典型发展中国家制造业工艺创新财政支持政策

一些发展中国家在个别工业领域获取了竞争优势,其中印度的制药、钢铁、核工业、电子产业和巴西的钢铁、汽车、航空工业均在世界范围内取得了令人瞩目的成就。印度的产业结构演进不同于发达国家走过的道路,也不同于中国正在走的道路,我们将其称为"第三条道路"。印度产业结构的变动趋势不符合西方经济理论的一般规律,具有鲜明的特色,是世界经济发展模式多样化的典型代表,也是发展中国家经济发展模式的一个典型模式,非常值得研究。巴西作为拉美国家经济发展的代表,具有重要的研究价值。巴西在20世纪70年代就已经建立起了较为完整的工业体系,汽车和航空两个产业是其现代工业体系的亮点,在工业巨头环视的领域取得了骄人的成绩。

一、印度制造业工艺创新财政支持政策

印度的工业基础承接自英国殖民时期的工业发展成果。印度建国后的第二个五年规划才开始在国家层面强调发展机器制造业,到20世纪80年代,印度的工业自我装备率不断提高,机械产品出口额占当时印度年出口额的12%。印度的科研体制一直效仿苏联的高度集中模式,政府力图以国防科技带动一般科技和工业的发展,因此印度在工艺创新方面的研究成果主要集中在国防科技领域。研究领域的特色决定了印度的工艺创新财政支持工具主要以政府财政直接投入为主。印度的各个国家实验室项目完全依赖于国家提供的资金才能得以运转。在印度的R&D投入中,中央政府占60%以上的比例,起着主导作用。企业对R&D的投入占GDP的比例只有0.8%左右。近年来,印度对制造业工艺创新的财政支持政策出现了一些变化,如通过税收豁免、放松工业品和原料进口管制及工业品生产许可证等激励措施鼓励企业设置研发机构。另外,印度政府还在制造业领域引入了风险投资基金和技术发展基金,用于为企业在本土技术方面的现代化改造提供资金支持。

制造业在印度的经济发展中占有重要地位,是印度的主导产业,但是劳动密集型产业所占比重仍然非常高,重化工和机械制造行业发展迟缓。为了提高制造业在国民经济中

的比重，2004年印度政府开始对制造业进行全面改革，加快发展高技术制造业企业，降低劳动密集型产业在国民经济中的比重。回顾印度的经济发展成果，其在制药和电子信息两个产业领域的发展成就可圈可点，非常具有研究价值。

印度制药业的发展可以成为政府推动高技术制造业产业发展的典范。从产量来看，印度制药产业占全球1/4；从产值来看，印度制药产业占全球1/13；从药品用量来看，印度医药市场占全球医药市场的8%，名列全球第4位。为保证印度国民能够以合理的价格获得高质量的药品，印度政府构建有效的激励架构，鼓励面向制药工业投资，鼓励企业采用新技术，开发新药品。

长期以来，印度政府对应用技术的发展一直采用政府财政直接投入政策，在制药业的工艺技术创新方面，印度政府展现了灵活的一面，鼓励私人投资于该领域，并采用税收政策来调节促进制药业的研发与投入。为了强化产业的研发创新能力，政府规定：为出口筹措资金可以适当降低出口税率，投资R&D可以减免附加税，减少税收价格控制的药品数量，减免进口疫苗和救生药物3.5%的进口附加税和10%的附加关税，对小规模的制药企业实行免税政策，壮大制剂厂，降低生产费用。在这样的政策下，印度的制剂厂能为印度本土提供70%的原料药和当时市场所需要的几乎所有制剂产品。印度制药业科研力量充足，创新能力强，拥有世界一流的实验室，工艺过程开发能力强，具备强大的非专利药开发能力，开发速度和质量都较高。

印度政府于2000年8月颁布了新的小型工业政策，以加强对技术创新的支持。该政策对某些进行技术改造的企业给予技术投资12%的资金补贴，对进行ISO9000技术认证的企业资助7.5万卢比，对建立测试实验室的企业资助投资额的50%，各银行也对小型企业技术升级给予专项贷款支持。

印度的信息产业以软件为主，其计算机硬件和电信发展却不尽如人意。班加罗尔是印度的高科技工业中心，信息产业发达，软件出口量大，在其带动下形成的马德拉斯-班加罗尔中心工业区是印度发展最快的工业区，区内集中了电力、飞机制造、造船、炼油等工业部门，以及航空、电子、电机等一系列新兴工业部门，是印度的新兴工业区。

近年来，无论是印度政府还是企业，均希望借助其软件产业在国际上的优势地位与国际上的先进制造企业合作，带动相关的智能产业发展，巩固其软件产业地位，并获取新的竞争优势。Infosys是印度软件企业的领头羊，其与库卡公司联合打造工业4.0云平台，通过云技术来增强设备的连接，从而打造生产制造的智能生态系统。此外，还与SAP公司在工业企业三维数据建模标准制定、与宝马公司在商业智能系统建设等方面开展合作。在电动汽车领域，印度同样展现了强大的发展意愿和行动力。2017年9月，印度马恒达汽车集团与美国福特集团签署合作协议，拟联合在印度建造一条电动汽车生产线，同年11月，与美国最大的网约车服务平台Uber合作共同开发电动汽车。Uber和日本铃木集团均表示将向印度市场投放电动汽车，帮助其开拓国内市场。在印度政府的大力推进下，印度本土公司与外国先进制造企业共同发力，通过设厂、自主研发、技术合作等方式推进智慧工厂建设。为营造良好的发展氛围，印度政府计划组建一家电池工厂，并在2032年之前实现所有汽车的电动化，全面停止以石油燃料为动力的车辆销售。同时，印度政府也希望通过税收法案和银行贷款优惠来降低对电动汽车的征税额度和贷款利息，以便提升电动汽车的销量。此外,印度政府还积极推动电动巴士在城市的运行,目前电动巴士已在印度德里、班加罗尔和普纳3个城市成功运行。相应地,印度积极引入外国投资本国兴建新兴工业企业。2017年5月,瑞士机器人巨头ABB公司宣布在印度的两个新厂正式投产,以支持印度实现数字化转型,推广节能技术,提高工业生产率。ABB在班加罗尔兴建了一条数字化低压变频器生产线。

可以说,近年来印度希望借助其既有的产业优势和积累实现在新兴产业上的突破,以获取更大的竞争优势,尤其在智能产业方面的发展起点很高,这主要归因于作为智能产业发展根基的印度软件业的强大助推。

二、巴西制造业工艺创新财政支持政策

巴西工业居拉美之首。20世纪70年代建成了比较完整的工业体系,主要工业部门有钢铁、汽车、造船、石油、水泥、化工、冶金、电力、纺织、建筑等,工业门类齐全,但是整体发展水平只能满足本国的基本需求,各种轻工业消费品需要依赖进口,机械设备和零部件等工业品也需要大量进口。巴西铁矿储量巨大,质地优良,得益于天然的资源优势。巴西在钢铁、通信、电子、飞机制造、造船等领域已跨入世界重要生产国家的行列,其中汽车和飞机是巴西出口创汇的三大品种之一(其他两个分别是农产品及其加工品和矿产品及其初级制品)。

从工业体系的技术含量方面来看,巴西的现代工业整体上仍然是比较薄弱的,只有汽车和飞机两个产业在国际工业体系中占有一席之地。

巴西航空产业的发展具有独辟蹊径的特色。以美国和欧洲为主阵地的航空工业主要的发展目光集中在大型民用飞机的开发、生产方面,巴西则绕开美国和欧洲具有绝对优势的主要市场,开辟了飞机发展的细分市场,全力研制支线客机。经过多年努力,巴西飞机制造公司获得了巨大成功,一跃成为世界上生产支线客机、教练机和通用航空飞机的主要国家之一。巴西航空工业的成功成为发展中国家发展高技术产业的楷模。

巴西飞机制造业水平的提升,得益于多年来巴西政府的财政优惠扶持政策、税收激励与政府采购等措施同时运用。政府对航空工业的扶持贯彻投资、研发、生产、销售等多个环节。政府投资建立巴西航空技术中心和航空技术学院,为飞机制造业培养所需的技术人才;投资建立了虚拟现实设计室,为巴西在飞机设计方面达到世界先进水平提供物质保障;通过巴西国家经济社会发展银行(BNDES)为飞机销售安排融资。巴西航空工业经过近20年来的快速发展,飞机制造技术和生产能力接近国际先进水平,目前巴西航空公司成为世界支线喷气客机的最大生产商。巴西制造的飞机行销世界40多个国家,占据了世界支线飞机近50%的市场份额。巴西的电子通信工业发展迅速,其卫星移动通信和数字化网络技术接近世界发达国家的水平。

20世纪80年代以前,巴西的科研资金都是由政府提供的,国家资助的科研机构和大学承担了所有的科技项目,企业很难参与到科技创新过程中来。在这种科研体制下,巴西的科研与市场严重脱节,科研机构从事的研究项目企业不感兴趣,企业需要的产品科研机构又没有资金和人力进行研究。自20世纪90年代起,巴西政府逐渐转变财政科技扶持政策方式,在控制政府科技投入比例占科技投入总额60%的基础上,加大政府科技投入总量,同时对进行科技投资的企业给予财政和税收扶持。以 1992 年为起点,巴西给予石油、电信、化工等部门进口的用于创新的科研设备和机器减免进口税,以鼓励企业进行工艺创新。如果企业将当年利润的 5% 用于科技创新,还可以享受到企业所得税减免,增加科技投资的企业可以减免 8% 的所得税和工业制成品税。用于科研的机器、设备、仪器免除 50% 的工业产品税,属于进口的,免除 100% 关税。企业购买用于科研的仪器设备可享受到更优惠的价格。从事工艺创新的企业贷款时可免除 50% 的源头所得税和 50% 的金融操作税,进行技术转让时可免除 10% 的所得税。这些优惠税率为企业带来了巨大的收益。巴西航空公司就曾经以 7 亿雷亚尔的科研开发投入换来了 1.3 亿雷亚尔的免税额。巴西是一个企业税负比较重的国家,因此政府在企业税收政策上的稍有松动,就会带动企业极大的生产积极性。巴西科技部的报告显示,在 1999－2002 年,巴西科技减税政策所带来的引致投资比为 1∶3。

政府对支持企业技术研发的银行和国家控股的金融企业给予 5% 的税前利润抵扣。巴西各银行可以根据政府拨付的科技研发经费,按 1∶1 的比例给予企业技术研发项目提供低息贷款。巴西政府还于 1985 年启动了世界银行"支持巴西科技发展计划",重点支持环境保护、生物技术、新材料、化学工程、工业基础技术等 12 个领域的技术创新研究与开发,并且政府将按世界银行贷款额 1∶1 的比例匹配相应的项目支持资金。

进入 21 世纪以来,巴西政府更加重视对中小企业工艺创新活动的扶持,鼓励中小企业设计"具有特点的产品"占领市场。为了提高项目的成功率,巴西国家经济社会发展银行对每一个中小企业提出的技术创新贷款申请进行市场调查和研究,希望这些中小企业尽快把技术变为产品。巴西国家经济社会发展银行及政府从美洲开发银行和世界银行获得的企业贷款很大一部分也都用于为中小企业的工艺创新提供低息贷款。2000 年,巴西研究与项目信贷局推出技术创新计划,为新生的技术应用型公司提供风险资金,以促进投资商在工艺创新方面的投资。应该说,为了促进制造业先进生产技术的发展,巴西一改以往以政府包揽全部科技投入的政策,不断尝试各种财政政策工具,用以激励企业的创新积极性,但是即使在这样的情况下,巴西政府的科技支持政策仍然以财政科技投入为主,每年的比例大概会保持在 60% 左右。

2006 年,巴西国家经济社会发展银行开始在科技创新政策设计和执行方面发挥主要作用,以提供较低利率的贷款支持创新。根据科学技术创新部公布的数字,科学和技术方面的公共支出总额,从 2003 年占 GDP 的 0.65% 增长到 2010 年的 0.87%。但是这种增长态势并没有得以延续,自 2014 年起,巴西政府科技支出预算急剧减少,2018 年可分配科技资源回到了 2002 年的水平,这直接导致巴西高技术含量的制造业在国家经济份额中所占比重不断下降。巴西制造业在 GDP 中所占的份额 2018 年只有 11%,信息产业跌至 1%,既有的优势产业——航空、汽车已经看不到踪影。2018 年 2 月 7 日,巴西政府出台了科技创新宏观法律框架,涵盖《创新法》《扶持基金法》《公共合同差异化条例》《联邦教师法》《外国人法》《进口免税法》《临时合同法》等方面的法律。新科技创新法律框架鼓励政府、科技机构、科研资助机构建立和完善有利于创新的环境;鼓励建立战略联盟,促进企业、国家科研机构开展项目合作;在合作项目中,允许知识产权在国家科研机构和企业之间转移,以便实现技术许可和技术转让;建立国家科研机构国际化的促进和支持机制,鼓励巴西与其他国家共同开展科技创新活动；允许国家科研机构、资助机构、国有企业和混合制企业少量参与私营企业资本；简化用于科研技术领域或创新项目的物品的进口及清关手续；购买研发产品的招投标豁免，对于外国产品及服务，豁免额度由1.5万雷亚尔增加到30万雷亚尔；科研项目经费预算调整事项不超过项目总经费的20%，无须报批。紧接着，科学技术创新部将2016年颁布的科技创新领域指导性计划《2016—2019年国家科技创新战略》更新为《2016—2022年国家科技创新战略》，并先后发布了17项分领域计划。这17个领域分别是石油天然气、战略矿产、可再生能源、先进制造、纳米技术、海洋、南极、气候、卫生、生物技术、生物经济、生物群落、农业可持续、粮食和食品安全、社会和人文科学、社会融合、科学普及，每项行动计划又涉及几个不同的领域，针对每个具体领域分别提出了执行计划、行动方案和目标、预算及落实的2030年可持续发展目标。除此之外，巴西政府还于2018年3月启动了数字化转型战略，计划在4年内促进社会的数字化转型。巴西政府将数字化转型战略确定为提高巴西经济竞争力和生产力的决定性因素，并确定了9个主题：网络基础设施和互联网接入、研发和创新、数字环境信心、教育和专业培训、国际合作、数据经济、世界互联、新的商业模式及公民和政府的数字化转型。而实现数字化转型战略实践承载的是国家物联网计划，该计划由巴西科技创新通信部与巴西国家经济社会发展银行发起，包括创新、国际合作、基础设施互联互通、安全监管和数据隐私等60项行动计划，确定巴西在农业、工业、城市和卫生领域优先发展物联网，重点加大数字人力资本投入，鼓励创新和国际合作，加强安全监管和基础设施互联互通。涵盖在这项庞大的计划中的巴西先进制造科技创新计划于2017年底开始实施，又名未来制造计划，该计划确定的重点领域为：自动化、大数据、云计算、消费电子设备、可再生能源、光电、3D打印、物联网、纳米技术、新材料、信息和通信技术、知识产权与网络安全等。

巴西政府及科技领域对世界工业发展的关注是持续的，嗅觉是敏锐的，目标是明确的，但是庞大的科技发展计划背后需要雄厚的国家财力支持，现实是巴西政府的财政状况不断恶化，企业的研发支出相对较小，企业的创新规模相对较小，并且企业专注于产品和流程的改进，而不是开发新产品和新流程。巴西制造业企业的创新支出有50%以上与有形资产（基本上是机械）的购买有关，集中在资本货物的购买上。制造业企业中用于创新培训的支出约占销售额的0.05%。巴西只有不到3%的创新型企业与大学和研究所合作，不到20%的创新者获得了政府的支持，不到1%的创新者利用了财政激励措施。可以说巴西企业的创新动力和基础明显不足。

第三节 我国制造业工艺创新财政支持政策

与其他发展中国家一样，制造业在我国具有举足轻重的地位，长期以来我国对制造业工艺创新的扶持政策也是以国家的财政投入为主。随着我国经济结构和产业结构的不断调整，我国政府对制造业工艺创新的财政支持政策也发生了变化。

1. 我国财政科技投入政策

我国对制造业工艺创新的财政科技投入途径主要有：科学事业费、应用技术研究与开发资金（原为科技三项费用）、科研基建费、科学基金、教育等部门事业费中用于科技活动的经费及政府各部门用于本部门内部企业技术创新活动等科技活动的经费等。应用技术研究与开发资金主要是指国家为支持科技事业发展而设立的新产品试制费、中间实验费和重大科研项目补助费。科学事业费是预算支出中由科技部门归于管理的科学事业费,以及中国科学院的科学事业费,包括自然科学事业费、社会科学事业费、科协事业费和高新技术研究专项经费等。对于投资规模、投资结构、投资布局、技术结构及重大建设项目等关系全局的技术活动,我国政府遵循发挥计划功能,保证资源和资金的合理配置,对于一般性的技术改造和信息功能建设,遵循市场规律的原则,主要以市场调节为主,由财政、银行根据国家计划和有关的产业政策、地区政策,运用经济的、法律的和行政的手段进行调控。

近些年,我国政府加大了对制造业企业工艺创新的财政支持力度。从1980年我国的科技三项费用总额为27.33亿元,到2004年这项费用为483.98亿元,再到2019年这项费用达到22 143.6亿元,年均增长率为12.7%。资金的使用效率也得到了很大的提高,2004年我国政府科技财政资金引致效应,企业资金全国平均引致比为0.041,其中东部地区为0.032,中部地区为0.050,西部地区为0.081,东北地区为0.062;金融机构贷款全国平均引致比为0.419,其中东部地区为0.328,中部地区为0.497,西部地区为0.913,东北地区为0.851。2019年我国政府科技财政资金引致效应,企业资金全国平均引致比为0.043,其中东部地区为0.036,中部地区为0.036,西部地区为0.077,东北地区为0.112;金融机构贷款全国平均引致比为702.502,其中东部地区为494.586,中部地区为1 299.039,西部地区为1 465.159,东北地区为2 324.395。经过多年的发展,制造业企业创新资金的来源总额及各来源资金所占比例均发生了变化,背后反映出社会和企业对待企业创新活动重要性的认识及投资理念的变化。政府资金对企业资金的引致比指标显示,中部地区和西部地区的数据在下降,这两个地区的企业资金对创新活动的投资额在不断增加,东部地区和东北地区及全国平均数据略有增长,东部地区的经济规模仍然在全国占有绝对强势的位置,东部地区企业的资金对创新活动资金投资的活跃度在下降,东北地区企业在投入资金规模和创新投资意愿方面均呈现下降趋势。政府资金对金融机构贷款引致比这项指标显示,金融机构资金投入企业创新活动的资金量和意愿均不活跃,2004年和2019年两年指标显示投资意愿呈现急剧下降趋势。以2004年和2019年两年的规模以上工业企业科技活动经费筹集情况对比,可以看到我国工业企业科技活动资金来源的变化情况。具体数据见表3.9。

表3.9 2004/2019年规模以上工业企业科技活动经费筹集总额情况　　　单位:万元

地区	年度	筹集总额	政府资金	企业资金	境外资金	其他资金(金融机构贷款)	政府引致企业资金系数	政府引致贷款系数
全国	2004	25 049 357	881 805	21 542 642	83 510	2 101 515	0.041	0.419
	2019	139 710 989	5 747 869	133 942 131	12 807	8 182	0.043	702.502
东部地区	2004	17 712 178	495 672	15 380 600	71 984	1 512 750	0.032	0.328
	2019	91 433 694	3 201 947	88 221 411	3 862	6 474	0.036	494.586

续表3.9

地区	年度	筹集总额	政府资金	企业资金	境外资金	其他资金（金融机构贷款）	政府引致企业资金系数	政府引致贷款系数
中部地区	2004	4 284 455	180 520	3 625 602	7 909	363 453	0.050	0.497
	2019	28 232 114	982 074	27 242 063	7 221	756	0.036	1 299.039
西部地区	2004	3 052 725	205 613	2 536 441	3 617	225 313	0.081	0.912 3
	2019	15 543 751	1 110 591	14 431 334	1 068	758	0.077	1 465.159
东北地区	2004	1 921 171	104 080	1 660 226	190	122 361	0.062	0.851
	2019	4 501 432	453 257	4 047 323	657	195	0.112	2 324.395

资料来源：《中国科技统计年鉴》（2005/2020）

在中央政府的带动下，我国地方政府的科技经费投入资金也不断增加。其中北京、上海、江苏、四川、广东、湖北、陕西、山东的政府科技资金投入情况较好，而上海、广东、山东、江苏和浙江的政府科技投入资金引致企业的科研经费的增加情况最好，引致比基本上都达到了两位数以上。具体情况见表3.10。

我国各地方政府大幅度增加财政投入，用于工艺创新和产业化活动。设立知识产区发展和保护资金，鼓励组织和个人取得自主知识产权，给予一定的专利申请费和专利维持费补贴。对具有市场前景的专利技术实施项目给予一定的资金支持；设立科技园区专项资金，用于工艺创新成果转化；设立工艺创新和高新技术产业化资金，以项目开发、无偿贷款、风险投资、贷款贴息、贷款担保等方式支持高新技术企业从事工艺创新活动。

表3.10 2004/2019年中国各地区规模以上工业企业科技活动经费筹集情况 单位：万元

地区	筹集总额		政府资金		企业资金		金融机构贷款	
	2004	2019	2004	2019	2004	2019	2004	2019
北京	987 661	2 851 859	48 680	193 114	849 724	2 658 745	56 965	0
天津	725 396	2 134 320	7 722	40 191	642 343	2 094 992	56 822	3
河北	592 904	4 385 826	14 901	80 846	535 580	4 304 798	31 079	183
山西	509 260	1 380 813	25 466	58 735	429 217	1 322 046	40 004	32
内蒙古	161 177	1 183 625	13 564	27 085	142 837	1 156 533	4 121	0
辽宁	1 251 420	3 102 482	68 129	164 279	1 085 822	2 937 376	9 158	170
吉林	230 889	684 086	5 338	205 680	217 614	478 382	5 370	25
黑龙江	438 862	714 862	30 613	83 298	356 790	631 564	24 833	0
上海	1 989 703	5 906 504	28 987	627 785	1 881 978	5 278 459	62 787	40
江苏	3 879 812	22 061 581	65 567	286 059	3 365 190	21 770 619	349 522	2 389
浙江	2 024 131	12 742 260	65 013	210 359	1 714 912	12 531 746	210 606	0
安徽	771 327	5 765 371	16 876	171 080	617 335	5 593 904	124 321	7
福建	705 519	5 985 139	16 871	115 520	604 923	5 869 604	79 246	16
江西	271 844	3 202 151	24 019	171 878	227 873	3 030 229	16 659	0
山东	2 491 557	12 109 485	101 992	378 750	2 134 536	11 728 413	197 531	1 854
河南	841 744	6 087 153	21 196	135 195	736 984	5 946 405	63 037	693

续表3.10

地区	筹集总额		政府资金		企业资金		金融机构贷款	
	2004	2019	2004	2019	2004	2019	2004	2019
湖北	698 053	5 865 143	38 442	321 379	584 055	5 542 684	55 860	0
湖南	522 476	5 931 485	18 570	123 909	455 733	5 806 795	33 370	24
广东	3 041 133	231 148 566	77 418	1 266 825	2 544 104	21 879 371	374 995	1 990
广西	265 359	1 044 742	14 689	45 067	217 099	999 672	32 190	3
海南	22 943	108 154	394	2 499	21 489	105 655	1 040	0
重庆	388 913	3 358 918	20 685	119 739	338 052	3 238 798	24 060	5
四川	858 378	3 878 572	33 015	245 931	730 304	3 631 618	68 265	395
贵州	153 736	910 206	11 854	76 307	128 105	83 389	10 427	0
云南	181 054	1 297 741	10 953	98 674	140 801	1 198 975	26 116	93
西藏	237	5 574	50	92	137	5 481		0
陕西	543 087	2 408 037	74 578	350 408	418 722	2 057 365	15 585	262
甘肃	187 245	505 544	14 023	97 066	156 138	408 424	12 499	0
青海	73 752	93 712	3 195	3 613	45 699	90 099	23 600	0
宁夏	56 462	415 733	4 385	31 833	45 435	383 900	5 804	0
新疆	183 325	441 347	4 623	14 778	173 112	426 569	2 646	0

资料来源:《中国科技统计年鉴》(2005/2020)

目前,我国大多数省市由政府出资建立风险投资公司,通过增资扩股吸引社会资金,引导社会资金逐步投入到制造业工艺创新中来。政府对工艺创新的财政拨款也就是财政科技投入,是政府通过运用筹集到的资金以财政支出的形式直接投向政府认定的科技先导部门和项目。政府通过科技投入,能够促进工艺创新的研究与开发活动,对工艺创新起到支持作用。但是表3.10显示,从2004年到2019年的15年间,政府资金和企业资金投入到制造业企业中进行研发投资的资金规模不断增大,金融机构的资金则呈现出断崖式的下跌,有的地区甚至自2019年没有金融机构的资金进入实体企业扶持企业的研发活动。这种现象导致企业的研发资金来源渠道单一,政府和企业的资金压力较大,金融机构不愿与工业企业共同成长,从国家和社会发展的长远角度来讲,企业的创新活动后劲不足,发展动力不足。

2. 我国促进制造业工艺创新的税收优惠政策

(1)针对投资主体的税收优惠。

设立在高新技术产业开发区内的高新技术型生产性外商投资企业实际经营在10年以上的,可以从获利年度起第1年和第2年免征企业所得税,第3年至第5年减半征收企业所得税;从事先进技术的企业免征地方所得税3年;外国投资者将从企业取得的利润直接再投资于该企业,兴办、扩建产品出口企业或者先进技术企业的,全部退还其再投资部分已缴纳的企业所得税税款;先进技术企业的场地使用费为:凡开发费和使用费综合计收的地区,为每年每平方米5~20元,凡开发费一次性计收或者企业自行开发场地的地区,使用费最高为每年每平方米3元。对先进技术企业,经批准,可免收场地使用费5年;对外商投资企业的基础设施,只收增容的实际工程费。对中国台湾投资者兴办的先进技术企业,在其经营内第1年至第10年免收土地使用费。

中外合资企业进口按照合同规定作为外国合营者出资的机器设备、零配件;以投资总额内的资金进口的机器设备、零部件和其他物料;以增加资本进口的国内不能保证生产供应的机器设备、零部件及生产管理设备,免征关税及增值税。对外商投资企业生产所需的水、电、气、运输和通信设施等给予优先安排,并按所在地国有企业标准计收费用。

符合条件的国内高新技术企业,减按15%的税率征收企业所得税。在一个纳税年度内,居民企业技术转让所得不超过500万元的部分,免征企业所得税;超过500万元的部分,减半征收企业所得税。

(2)针对投资方向和行为的税收优惠。

我国税法规定从2009年1月1日起,允许国内增值税一般纳税人抵扣新购入机器设备所含的增值税。直接用于科学研究、科学试验和教学的进口仪器、设备免征增值税;对国内企业为生产国家支持发展的重大技术装备和产品而确有必要进口的关键零部件及原材料,免征进口关税和进口环节增值税;取消相应整机和成套设备的进口免税政策;对国产装备尚不能完全满足需求,仍需进口的,以逐步降低优惠幅度、缩小免税范围的方式,在一定期限内继续给予进口优惠政策;企业开发新技术、新产品、新工艺发生的研究开发费用未形成无形资产计入当期损益的,在按照规定据实扣除的基础上,按照研究开发费用的50%加计扣除,形成无形资产的,按照无形资产成本的150%摊销;企业从事符合条件的公共污水处理、公共垃圾处理、沼气综合开发利用、节能减排技术改造、海水淡化等环境保护、节能节水项目的所得,自项目取得第一笔生产经营收入所属纳税年度起,第1年至第3年免征企业所得税,第4年至第6年减半征收企业所得税;企业拥有并用于生产经营的主要或关键的固定资产,由于技术进步,产品更新换代较快的可以缩短折旧年限或者采取加速折旧的方法。

(3)投资区域优惠。

我国的税收优惠政策还因不同地区而产生税收优惠政策的区域差别。国家对高新技术产业开发区、贫困地区、保税区、经济特区的税收优惠政策采取分地区、有重点、多层次的做法,具体内容包括:经济特区、经济技术开发区、沿海经济开放区、上海浦东新区、北京市新技术产业开发试验区及国务院确定的高新技术产业开发区设立的被认定为高新技术企业的生产性外商投资企业,减按15%的税率征税;设在沿海经济开放区和经济特区、经济技术开发区所在城市的老市区的生产性外商投资企业,减按24%的税率征税。位于高新技术开发区内的高新技术企业从事工艺创新活动,还可以享受到下列税收优惠:部分固定资产可以实行快速折旧;企业部分税收可以递延到5年后缓缴;企业减按15%的税率征收所得税;企业进出口货物给予关税优惠;新办企业自投产之日起,两年内免征所得税;企业贷款一律在征收所得税后返还;从事"四技"活动年收入在30万元以下的免征所得税;特定情况下可以免征奖金税。对企业研发和转让费按产品实际摊销数额,从产品销售收入中据实扣除,不计增值税;对企业科技性"五行"自查投入额比照免税农产品享受10%的扣除率计算抵扣税款,允许抵扣销项税额;允许部分高新技术企业首先在个别项目下实行消费型增值税,允许抵扣新增生产用固定资产所含增值税;扩大研发费用扣除的使用范围,不再设10%增长的前提条件;对企业为分配利润转为投资,用于研发和扩大再生产的部分,可以抵免企业所得税。

另外,我国不同的地区也根据各自的实际情况制定了有特色的针对制造业生产企业的工艺创新优惠措施,本书选取了比较有代表性的地区做介绍。

深圳市对新认定的生产性高新技术企业实行两年免征企业所得税,8年减半征收企业所得税的优惠。对现有的高新技术企业,除了享受原有"二免六减半"的企业所得税优惠,还增加两年减半征收企业所得税的优惠。经认定的拥有自主知识产权的高新技术成果转化项目,5年免征企业所得税和营业税;之后3年减半征收。对从事高新技术产品开发的企业自行研制的技术成果转让及其技术成果转让过程中所发生的技术咨询、技术服务和技术培训所得,年净收入在50万元以下的部分免征企业所得税,超过的部分依法缴纳企业所得税;对科研单位、高等院校进行技术转让、技术咨询、技术培训、技术服务所得,年净收入在100万元以下的部分免征企业所得税,超过的部分减半征收企业所得税,上述企业免征营业税。高新技术企业和高新技术项目新建成或新购置的生产经营场所,自建成或购置之日起5年内免征房产税。高新技术企业和高新技术项目所签订的技术合同免征印花税。

重庆市对经相关部门认定的高新技术产业化项目,所需新建或新购置的生产经营场地,自建成或购置之日起报经税务局审核批准后,在5年内免征房产税。企业研究开发新产品、新技术、新工艺所发生的开发研究费用,经区县(自治县、市)地方税务局审核同意后,准予税前扣除。盈利企业研究开发新产品、新技术、新工艺所发生的各项费用比上年实际发生额增长达到10%(含10%)以上的,其当年实际发生的开发研究费用除了按规定据实扣除,年终经重庆市地方税务局审核批准后,可再按其实际发生额的50%直接抵扣当年度的应纳税所得额。凡企业研究开发新产品、新技术、新工艺经立项批准的,可实行技术开发费比上年实际增长抵扣当年度应纳税所得额的规定。纳税人从事技术转让、技术开发可申请免征营业税。外国企业和外籍个人从境外向中国境内转让技术免征营业税。科研机构、高等学校服务于各行业的技术成果转让、技术培训、技术咨询、技术服务、技术承包取得的技术性服务收入暂免征收企业所得税。企业、事业单位进行技术转让及在技术转让过程中发生的与技术转让有关的技术咨询、技术服务、技术培训的所得,年净收入在30万元以下的暂免征收企业所得税,超过30万元以上的,应按规定征收企业所得税。企业实际发生的技术开发费,允许在缴纳企业所得税前扣除。国有、集体工业企业及国有、集体企业控股并从事工业生产经营的股份制企业、联营企业发生的技术开发费比上年实际增长10%(含10%)以上的,允许再按技术开发费实际发生额的50%抵扣当年度的应纳税所得额。凡在我国境内投资于符合国家产业政策的技术改造项目的企业,其项目所需国产设备投资的40%可从企业技术改造项目设备购置当年比前一年新增的企业所得税中抵免。企业每一年度投资抵免的企业所得税税额,不得超过该企业当年此设备购置前一年新增的企业所得税税额。如果当年新增的企业所得税税额不足抵免时,未予抵免的投资额,可用以后年度企业此设备购置前一年新增的企业所得税税额延续抵免,但抵免的期限最长不得超过5年。

第四节　国外制造业工艺创新财政支持政策的经验分析

一、西方发达国家在发展制造业工艺创新过程中的经验

制造业在发达国家的经济发展中发挥了举足轻重的作用。纵观发达国家近现代经济的发展，无不伴随着制造业的繁荣发展。为了促进制造业的振兴，各国在不同的经济发展时期都推出了灵活多样的财政政策和产业政策，但是我们也注意到，即使是同一个国家，对促进制造业工艺创新的财政政策工具的选择和运用也存在着不同。例如，美国在 20 世纪 70 年代之前的财政政策倾向于税收政策，在那之后则更多地运用财政科技投入政策，运用政府投入资金的引致投资作用引导企业资金投向符合国家经济发展战略和优化产业结构的产业领域，而政府采购政策则是美国国防部和 NASA 掌控制造业发展方向和速度的有力工具。近 10 年来，美国政府的财政科技投入政策以政府引导结合税收两种政策并用的方式进行，通过税收政策激励企业的创新行为，通过政府的资金资助引导企业资金进入战略性新兴产业。日本政府在促进制造业发展的过程中，集权思想表现得异常明显，对产业界的直接科技投入和贷款补贴是日本政府惯常使用的财政政策工具，但是这种惯性思维导致的行为惯性在科技日益发展的当今世界就显得有些反应迟滞，导致了企业的思维惰性和对市场新技术的敏感性不够，因此最终失去市场份额，处于竞争劣势。德国由于在第二次世界大战前即完成了制造业的现代化，对待制造业的发展态度更倾向于运用市场化的手段，如税收政策和风险投资政策。即使使用风险投资政策，德国政府也只是以出资成立风险股份公司和为私人风险投资公司投资制造业先进制造技术等方面的项目提供担保等形式参与其中。进入 21 世纪以来，德国制造业由于高生产成本等，在国际制造业领域中所占份额不断减少。为了提高德国制造业的国际竞争力，德国不断地对制造业各领域给予减税优惠措施，并开始着重使用财政科技投入政策，对从事制造业先进制造技术和工艺创新的企业进行强有力的资助，德国经济中占有绝对份额的中小型制造企业一直是德国财政科技投入政策扶持的重点。但是德国工业 4.0 计划的推出改变了德国政府一直以来的惯常做法，支持德国的大型企业在工业 4.0 计划领域进行攻关和技术创新。德国政府的这种变化与之前的做法并无冲突，反而具有一脉相承的特征，因为德国政府将中小型企业的创新活动视为技术的扩散和应用过程，而大企业则向市场提供基础创新，是国家创新的源泉和核心基础。

近 20 年来，发达国家运用财政政策工具促进制造业工艺创新发展呈现了一些不同以往的特征和倾向。

1. 财政科技投入具有明显的促进产业集群形成的倾向

传统经济学认为，科学技术知识只有当其渗透到社会生产力构成的各个方面中，通过增进劳动者的知识和技能水平、提高劳动工具的生产效率或改善劳动对象的可加工性（或可转化性），才能提高其生产力。近 20 年来，美国加快了高新技术向传统产业的渗透和扩散，推动了传统产业向现代化产业转变和产业集群形成的进程。在这一过程中，表现较为突出的是汽车和钢铁业。Lucas 认为，经济增长动力的最合理解释来自于城市经济的聚

集效应,即高生产率企业的集聚带来规模报酬收益递增,进而推动现代城市发展,而其深层次的原因是技术创新和知识溢出推动产业集聚。

美国在制造业发展的过程中,表现出非常明显的区域创新产业集聚现象,这实质上是技术扩散及由此引发的技术创新的一种自然选择。日本在这方面的做法更具有目的性。从技术立国到建设技术密集城,日本是一个优先发展高端技术的国家。具体负责政府财政科技投入资金使用的通产省提出了建设"技术密集城"的设想,形成以电子、机械等尖端产业为主的技术产业群和富有情趣的生活环境。德国产业集群的发展遵循了水到渠成的原则,优势企业在一个地区的聚集和发展,可以带来就业增长、收入和税收增加,获利的不仅仅是企业本身,企业所在地也将因此获益。通过大企业中心示范作用,在它的周围就会形成一系列为其服务的中小型卫星企业。可以说,德国政府促进产业集群发展的科技投入是一个社会各方均会受益的举措。美国和德国的产业集群区域分布情况见表3.11和表3.12。

表3.11 美国产业集群区域分布

城市	集群产业
芝加哥	通信制造业、食品加工业、重型机械
波士顿	分析仪器制造业、教育、通信设备制造业
圣迭戈(圣地亚哥)	皮革制品及体育用品、电力、教育
休斯敦	建筑服务业、石油和天然气、航空和国防
亚特兰大	建筑材料、交通物流业、商业服务业
罗利—达拉谟	通信设备制造业、信息技术、教育
洛杉矶	服饰设计业、娱乐服务业
"旧金山—奥克兰—圣何塞"海湾地区	通信设备制造业、农产品生产、信息技术
西雅图—贝尔维尤—埃弗雷特	航空与国防、渔业及其产品加工、分析仪器制造业
威奇托市	航空与国防、重型机械、石油与天然气
匹兹堡	建筑材料业、金属制造业、教育

资料来源:Rosenthal,Stuart,and William Strange(2001)

表3.12 德国产业集群区域分布

城市	集群产业
慕尼黑	汽车及零部件制造、通信设备制造、家电制造
斯图加特—曼海姆	汽车及零部件制造、发动机制造、调节器制造
海尔布隆	汽车及零部件制造
沃尔夫斯堡	汽车及零部件制造
汉诺威	汽车及零部件制造
卡塞尔	汽车及零部件制造
科隆	汽车及零部件制造
吕塞尔斯海姆	汽车及零部件制造
纽伦堡–埃尔朗根地区	电气制造、医疗设备制造、自动化、能源
博登湖–上施瓦本地区	机器及装备制造
法兰克福/达姆斯达特地区	制药业
图林根/图特林根地区	医疗设备制造

注:根据相关资料整理

2. 财政政策支持垄断发展模式,发挥垄断企业的规模效应

德国应该是这一政策的代表。在完成工业革命的初期,德国制造业依靠外资和银行的长期投资与借贷,在充足而先进的新技术成就的基础上,建立起以重工业、化学工业为主导产业的制造工业体系,并采用强化垄断组织实现产业结构高级化。以康采恩、卡特尔、托拉斯等形式出现的高级垄断组织为新技术产业的发展提供了广大的发展空间和渠道,提高了生产作业效率,使德国可以在短时期内实现工业的快速增长,增强了德国的国家竞争力。

西门子公司在电话、电报、无线电通信设备、动力机器制造、自动装置、遥控机械和光电技术方面独占鳌头,而通用电气公司则在无线电报、电话、白炽灯、砂皮灯等方面实现了垄断。鲁尔垄断集团控制了德国煤炭和采矿业90%以上的生产和销售。钢铁托拉斯是德国最大的采矿冶金业的强大联合组织,拥有20多家康采恩,控制着600多家企业。德国最大的化学托拉斯法本化学工业公司控制主要化学产品的80%~100%。汽车制造、造船和航空工业机械运输等工业都在德国军事工业的催生下飞速发展,成为德国工业体系中的支柱产业。还有许多德国电气企业为其他大型机器设备提供中间产品。由于汽车工业对小型发动机和各种调节器需求的持续增长,大批中间产品制造企业聚集在斯图加特和曼海姆所在的莱茵内卡地区,形成了又一个电气行业产业群。

3. 灵活运用税收优惠措施

西方工业发达国家在运用税收优惠措施时大都采用灵活多样的方式,酌量使用。一般的做法是将税收优惠设置为临时措施,规定享受优惠的期限,在规定的优惠期满之后,企业可以申请延期。例如:新加坡规定从事高附加值经营、继续投资于高科技项目、大规模改善设备和生产作业的,可申请在10年内,将按不低于10%的优惠税率课税。优惠期满后,可申请延期。每次延期不超过5年,但总的优惠期限不超过20年。韩国效仿日本对从事创新的企业实行技术开发准备金制度。该制度规定,企业为解决技术开发和创新的资金需求,一般制造业企业可按收入总额的3%,技术密集型产业的企业按收入的4%,生产资料类产业的企业按收入的5%,提留技术开发准备金,并从开始营业算起,允许企业3年内可以用于技术开发相关的活动中。法国规定,公司出让技术取得的技术转让收入可以作为长期资本利得,减按19%的税率征税,税率优惠43%;个人从事技术转让的所得,也适用于长期资本利得,减按16%税率征税。英国对向科技创新信托基金投资的个人实行税收优惠政策,对持有5年及以上的科技创新信托基金股份,可按其投资额的20%抵减个人所得税;对科技创新信托基金的分红不征税;对科技创新信托基金股份的出售所得,免征资本利得税。澳大利亚规定,供创新研发活动专用的设备支出,若其年支出总额超过2万澳元,则可分3年扣除成本的125%;没有超过2万澳元的,则只能在3年内100%摊销。

4. 各项财政政策工具并用,不同经济发展时期侧重点不同

日本政府为提高企业从事工艺创新的积极性,允许生产厂家提高设备折旧率,给予政府补贴,同时由政府出面担保,日本开发银行和市中银行共同出资成立风险投资公司,为这些企业创新产品的市场应用提供低息贷款,对购买创新产品的中小企业实行贷款优惠。新加坡规定,从事工艺创新的制造业企业为研发活动而建造或购置的建筑(不包括土地),

第一年按成本的25%提取特别折旧。研发费用分为营业性支出和资本性支出。符合规定的研发费用属于资本性支出则可以分年摊销,摊销期限一般为3年。如果研发费用项目经政府授权批准,其费用还可以进一步加倍扣除。

二、发展中国家的经验总结

以印度和巴西为代表的发展中国家,在发展制造业先进生产技术和支持企业工艺创新活动的开展方面,体现了不同于发达国家的做法。具体到实践中,主要是由于现在的发展中国家发展制造业甚至高端制造业的国际和国内环境已经不同于当初发达国家制造业发展初期的状况,发展中国家扩大制造业产能和规模的同时,还要受到资金、资源和环境的限制。在世界资源不断稀缺的形势下,环境污染成本和生产原料稀缺的双重限制,使发展中国家制造业的发展模式不能再重复发达国家制造业发展初期的模式,即以环境污染为代价,以粗放型生产完成资本的原始积累和获得规模收益。在对环境保护高标准的要求下,发展中国家制造业企业的发展异常艰难,资金的短缺也成为另一个重要的问题。因此,制造业企业的研发投入必然以国家的财政科技投入为主,事实也是这样的,印度和巴西政府每年的财政科技投入比例都占当年R&D投入总额的60%以上。也就是说,政府资金投入的扶持和对私有资本的投资引导作用不可或缺。

1. 企业要有明确的发展战略

企业在发展工艺创新的过程中要与企业的长期发展目标相结合,而企业在制定短、中、长期发展目标时,要考虑国家的产业发展目标。只有将企业的发展目标甚至具体到工艺创新的技术发展目标放置到国家产业结构发展战略中,才会起到事半功倍的效果。例如,印度一些重点转向自主开发的制药企业和老牌国际制药公司的经验表明:在研发中提高R&D投入的同时,还必须有研发战略,要有一个层次分明的新产品梯队,梯队中包括治疗作用确切、销售前景看好的已批准上市新药、待批准新药和正处于Ⅰ、Ⅱ、Ⅲ期临床研究的候选药物,还有一大批正在进行研究的化合物。

2. 国家发挥先进技术企业以点带面的作用,促进行业的整体发展及行业间的横向发展

由于资金限制,发展中国家一般会集中资金发展个别优势产业,再通过成熟的优势产业技术介入其他制造业领域,以促进其他制造业在一个较高技术平台上快速发展。印度制药业的发展就是一个很好的例子。印度制药业借助于本国计算机软件业在国际上的发展优势,在生产技术中积极地引入信息技术,将其应用于药品分析、制药流程等多个方面,提高了制药业的生产能力和生产技术,使印度制药业在短时间内向高端制药产业挺进。目前,印度制药业拥有世界一流的实验室,工艺过程开发能力强,具备强大的非专利药开发能力,开发速度和质量都较高。印度的制药公司网站大多数建设得很规范,信息透明度很高,更新及时。印度发布的新一轮工业发展计划仍然延续了这一特色,在国家优势产业的基础上发展新技术和培育新产业,如一系列智能产业。

3. 规范化的国际操作和质量认证

国家在通过财政支持政策调动企业工艺创新积极性的同时,也要注意到巩固创新研发成果,积极地获得国际质量认证和规范生产操作流程,开拓国际市场。目前,印度已有

65个药品生产厂家获得世界卫生组织认证,有70多个经美国FDA认证通过的药品生产基地,印度已经成为美国本土之外通过FDA认证的药品生产基地最多的国家。2005年印度备案的DMF数在FDA发放的备案数中,印度一个国家就占了1/3。

4. 综合运用不同的财政政策工具,激励企业的创新积极性

尽管发展中国家的科技创新投入不可避免地以政府财政科技投入为主,但是其他财政政策工具同样发挥着吸引企业积极投身到工艺创新的活动中来的作用。巴西政府在税收方面给予了企业极大的优惠,在关税、所得税、制成品税等多个税种上进行了税额的减免。巴西政府还积极地引入风险投资,为企业提供低息贷款,以扩大企业的创新研发投入资金流。印度政府在税收减免政策上也给予了企业很大的优惠。

三、对我国制造业工艺创新的启示

中国制造业工艺创新的发展不同于美国、日本、德国高端制造业先进生产技术的发展模式,也不同于印度和巴西发展个别高端制造业的工艺创新。首先,从经济总量来看,中国是世界第二大经济体。其次,从制造业产业结构来看,中国制造业产业种类齐全,布局较为均衡。最后,从资金流量来看,中国的资金流充裕,投资机会较多。因此,中国制造业的发展问题应该是如何提升企业的先进制造业技术,激励企业积极地进行工艺技术创新。

1. 积极导入信息技术,优化企业工艺流程,发展自主创新技术

信息技术的发展使美国等发达国家的制造业重获新生,同时也为印度的制药业创造了空前发展的良机,巴西的汽车制造业和航空制造业凭借本国的钢铁产业和信息产业的优势,发展势头迅猛。信息技术提供了一个良好的技术平台,为制造业工艺创新的发展创造了一个优良的发展环境。将信息技术与制造业工艺创新相结合,不断优化企业的工艺流程,并利用信息技术的优势积极发展本国拥有独立知识产权的核心技术,是解决我国目前制造业缺少核心技术,受制于跨国公司核心和关键技术的严密封锁等困境的有力武器,我国必须依靠信息技术自主创新,才能取得核心和关键的先进制造技术。

2. 丰富财政政策工具,提高财政政策工具的多样性

目前我国较为常用的工艺创新财政政策工具有:财政直接投入、政府补贴、金融机构低息贷款、税收优惠、风险投资、政府采购。这些都是政府推动工艺创新最为有力的财政政策工具。但是限于资本量、国家相关政策法规等多方面的影响,发展中国家甚至我国都是以国家财政投入为主,其他政策工具的激励效果并没有扩展到整个行业,国家财政投入的引导和示范作用大打折扣,尤其是在近10年的产业金融化的大环境下,金融资本进入产业领域投资制造业企业技术创新的资金量在急剧缩减。因此,应该更积极地引入其他政策工具运用于工艺创新激励的实践中,综合运用各种政策工具,共同作用于制造业工艺创新。

我国不能照搬发达国家的成功做法,应该积极探索适合我国制造业工艺创新活动开展的财政政策工具,充分调动企业从事工艺创新的积极性和主动性。

3. 积极引导不同发展水平、不同发展规模的制造业企业间的工艺创新活动联系,发挥以点带面的作用,消除产业间差异和区域差异

目前,我国制造业工艺创新的财政支持情况得到了较好的改善,我国各地方政府大幅度增加财政投入,用于工艺创新和产业化活动。设立知识产区发展和保护资金,鼓励组织和个人取得自主知识产权,给予固定的专利申请费和专利维持费补贴。对具有市场前景的专利技术实施项目给予一定的资金支持;设立科技园区专项资金,用于工艺创新成果转化;设立工艺创新和高新技术产业化资金,以项目开发、无偿贷款、风险投资、贷款贴息、贷款担保等方式支持高新技术企业从事工艺创新活动。目前,我国大多数省市由政府出资建立风险投资公司,通过增资扩股吸引社会资金,引导社会资金逐步投入制造业工艺创新中来。

第五节 本章小结

本章分别考察了西方工业发达国家和发展中国家在促进制造业工艺创新中使用的财政政策工具。在西方工业发达国家中选取了美国、日本和德国3个分别在装备制造业不同领域发展水平最高的国家作为研究对象。在发展中国家中选取了印度、巴西和我国3个在制造业工艺创新发展中积极开拓的国家作为研究对象。尽管制造业是每一个工业化国家的主导产业,但是在同一国家经济发展的不同时期,政府所采取的促进制造业工艺创新的财政政策工具也会有所不同,侧重点也不同;在国家间的经济发展水平存在巨大差异的情况下,各国政府所选取的激励政策也各有特色。从新一轮的各国工业发展计划的蓝图和实践来看,既有的惯性思维所导致的政策惯性仍然存在,但是各国也表现出了新的变化。美国特朗普政府的科技支持政策以税收优惠为主,政府支持资金为辅,而奥巴马政府则采用以政府支持资金与私人资本合作的方式作为其科技资金的运作方式。德国的工业4.0计划一改既有对中小型制造业企业的扶持政策倾向,重点支持大企业进行工业4.0计划中的技术创新开发行为。日本仍然延续其强势政府的指导惯性,大企业对市场上的新技术的感知度不灵敏。印度继续发挥其软件产业的优势,发展智能相关产业。巴西的科技发展技术非常庞大、详细,几乎近年来的科技发展热点和领域均有庞大的发展规划,但是政府和企业对科技投入的资金占GDP的比例连年下降,并且其曾经在航空工业中获得的支线飞机发展优势也丧失殆尽。纵观世界上工业发展强国的科技发展路径可以看出,一个连续而具有可操作性的发展战略和规划是十分必要的,而贴近现实和自身经济发展水平的递进式的发展策略是成功的关键。

第四章　制造业工艺创新财政支持政策的作用机理

制造业是竞争性产业,对整体产业集中度要求较高。一般大中型企业在行业中占主导地位,并形成层次分明的专业化分工协作体系,在大企业周围形成数量众多的专门化的中小企业。以大企业为创新的中心,创新技术在中小企业中扩散和推广,对提高制造业的整体生产能力,优化制造业的产业组织结构,避免重复建设,形成合理的专业化分工协作体系将起到极大的推动作用。决定企业是否使用新工艺技术的一个非常重要的因素就是企业使用新工艺技术的成本。这个成本包括企业获得新工艺技术的成本(自主研发和外部购买)、为使用新工艺技术需要进行的生产设备等固定资产投资和技术操作人员培训费及其他费用。因此,企业采用一项新技术的成本是非常昂贵的,并且新工艺技术的开发需要高额的资金投入,持续的高额创新投入只有大企业能够承担。因此,政府的扶持政策在工艺创新过程中就显得尤为重要。

第一节　财政科技投入政策对制造业工艺创新的作用机理

一、财政科技投入对工艺创新的支持作用

一般而言,在市场经济条件下,政府投资选择必须遵循弥补市场失效、维护市场配置功能和调节国民经济运行的原则。在实行市场经济的国家,庞大的私有经济是国家和社会经济运行的主体,政府投资在规模和体量上都明显小于私有经济,因此政府投资的主要目的是平衡社会投资总量,发挥引导和示范作用,吸引私人资本投入到符合国家经济发展战略和产业结构优化的方面,以促进产业结构的调整。

曼斯菲尔德(Mansfield)研究表明,专利制度是比较有效的技术创新政策工具之一。但是纳尔逊在 20 世纪 70 年代对美国企业的调查结果却否定了曼斯菲尔德的这一结论,实践调查结果表明,只有很少的企业把专利评为最有效的获取超额工艺创新收益的手段,相反,企业认为快速的市场反应和获得比较优势是最有效的手段。专利制度的理论功效与其现实效用在工艺创新上发生了背离。制度设计者希望借助专利制度来改善工艺创新活动的无效率状态,利用专利制度保护工艺创新者的创新收益。但是在实践中,专利制度不能成为企业保护其工艺创新收益的有力工具。从事工艺创新活动的企业不能保证从某种已知的、有效的途径获得创新收益。大部分企业认为没有什么有效的方式可以解决这一难题。此时私人市场将不再具有效率。

阿罗认为,企业进行研发活动的产品——生产技术性信息具有公共商品的性质,信息生产者不可能把由生产信息所带来的利益完全归为己有。在这种情况下,投入信息生

产的研究开发费用将会减少。因此,工艺创新的技术外溢效应导致了创新企业利益外溢,进而引起工艺创新私人投入减少,厂商失去了继续这项活动的动力。所以,工艺创新是以私人物品为起点,而止步于公共物品。当工艺创新以公共物品的面目出现,私人部门通过市场机制提供工艺创新这种产品时,利益外溢性的存在造成厂商和私人收益率低于社会收益率,使得厂商和个人的投资不足。

由于市场存在失灵,市场自发形成的配置不可能实现帕累托最优效应,因而需要政府介入和干预。政府对制造业工艺创新的科技投入作用是通过政府本身的收支活动为企业提供经费和资金,引导其他社会资源的注入,弥补工艺创新市场的失灵和缺陷,最终实现制造业工艺创新资源配置的最优效率状态,推进现代企业制度建设,使企业成为投资的基本主体。

二、工艺创新中财政科技投入的作用模型

企业作为工艺创新的主体,在工艺创新的过程中承担着重要的投资责任。一般来讲,企业对工艺创新的投资要考虑不确定性、投资的固定调整成本、资本品的买卖价差及投资的不可逆性等因素。假设一个处于随机环境中的制造业企业要从事工艺创新投资,如果企业能够获得政府的财政科技投入资金,那么在企业投资成本的3个部分中,企业投资的固定调整成本将减为0。因为固定调整成本是企业投资额的成本,当政府为企业提供工艺创新项目初期的投资额时,相当于降低了企业的投资成本。

假定 K 代表资本存量,ε 代表技术,那么 t 时刻的利润流可以表示为 $\pi(K_t, \varepsilon_t)$,且令 $\pi_K(K_t, \varepsilon_t) > 0$,$\pi_{KK}(K_t, \varepsilon_t) < 0$,则有技术变化

$$d\varepsilon_t = \mu(\varepsilon_t)dt + \sigma(\varepsilon_t)dz$$

t 时刻的资本存量

$$dK_t = (I_t - \delta K_t)dt$$

那么,设总的投资成本函数为 $vc(I, K)$。

当 $I = 0$ 时,$v = 0$;当 $I \neq 0$ 时,$v = 1$。$c(I, K)$ 是关于 I 的连续、严格凸函数,且二次可微。

制造业企业投资于工艺创新活动的最优投资策略最大化跨期利润为

$$\begin{cases} \max E \int_0^\infty [\pi(K_t, \varepsilon_t) - v_t c(I_t, K_t)] e^{-rt} dt \\ dK_t = (I_t - \delta K_t)dt \\ d\varepsilon_t = \mu(\varepsilon_t)dt + \sigma(\varepsilon_t)dz \end{cases} \quad (4.1)$$

K_0, ε_0 给定,$r > 0$ 为时间偏好。

从经济学的角度来说,投资是一项希望用现在的成本换取将来更大收益的活动,但是任何投资决策都将面临不确定性带来的风险。从开始投资到获得投资收益,投资者要面临多种不确定性风险。通常一项投资的确定性风险来自3种因素:一是固定资产投资带来的风险。这种风险是投资者经常遇到的,主要是由于投资成本用于购买固定资产,而固定资产的流通性受到变现价值和变现途径等多种因素的限制。二是投资收益不确定性风险。这种风险是由市场风险收益的不确定性引起的,投资者凭借现有信息不能够判断其

投资收益预期。三是投资环境的不确定性风险。这种风险是由投资环境、投资时点、投资政策等多方面因素引起的,投资者在现阶段选择等待或放弃投资行为。

三、作用模型的运作方式

在今天这个信息发达的世界,投资者在决定是否选择投资工艺创新时,通常都会考虑固定资产投资带来的风险和投资收益不确定性风险。高风险伴随着高收益,这是一条普遍的真理。但是由投资环境引起的投资不确定性风险通常会限制投资的潜在规模,有时候还会引起现有投资的倒流,缩小投资总体规模,限制工艺创新的发展,甚至会影响到制造业的发展前景。政府财政科技投入的作用就是尽可能地消除由投资环境不确定性引起的投资风险,吸引潜在投资不断地转变为现实投资。

假定企业投资于工艺创新项目的资本为 I_1,其中固定资产投资为 V,那么根据 Dixit(1994)的研究成果,投资 I_1 的价值模型为

$$dI_1 = \alpha I_1 dt + \sigma I_1 dz \tag{4.2}$$

式中,α,σ 为常数。

那么投资企业在随机情况下的投资收益为

$$F(I_1) = \max E[(I_1 - V)e^{-\rho t}] \tag{4.3}$$

式中,ρ 为贴现率,$\alpha < \rho$。

且 $F(0) = 0$,最优投资收益为

$$F(I_1^*) = I_1^* - V, F'(I_1^*) = 1$$

当 $\sigma > 0$ 时,有

$$\rho F dt = E(dF) \tag{4.4}$$

并且

$$dF = F'(I_1)dI + \frac{1}{2}F''(I_1)(dI)^2 \tag{4.5}$$

由式(4.1)和式(4.4)可知

$$E(dF) = \alpha I_1 F'(I_1)dt + \frac{1}{2}\sigma^2 I_1^2 F''(I_1)dt \tag{4.6}$$

因此式(4.3)变为

$$\frac{1}{2}\sigma^2 I_1^2 F''(I_1) + \alpha I_1 F'(I_1) - \rho F = 0 \tag{4.7}$$

设 $F(I_1) = AI_1^\beta$(A 和 β 待定),代入式(4.6),得

$$\frac{1}{2}\sigma^2 \beta(\beta - 1) + \alpha\beta - \rho = 0$$

则有

$$\beta_1 = \frac{1}{2} - \frac{\alpha}{\sigma^2} + \sqrt{\left(\frac{1}{2} - \frac{\alpha}{\sigma^2}\right)^2 + \frac{2\rho}{\sigma^2}} > 1 \tag{4.8}$$

$$\beta_2 = \frac{1}{2} - \frac{\alpha}{\sigma^2} - \sqrt{\left(\frac{1}{2} - \frac{\alpha}{\sigma^2}\right)^2 + \frac{2\rho}{\sigma^2}} < 0 \tag{4.9}$$

由于 $F(0)=0$，因此

$$F(I_1) = A_1 I_1^{\beta_1}$$

$$I_1^* = \frac{\beta_1}{\beta_1 - 1} V$$

$$A_1 = \frac{I_1^* - V}{(I_1^*)^{\beta_1}}$$

当 $I > I_1^*$ 时，在没有任何干预的情况下，私人投资将进入工艺创新市场。企业的投资规模将增大，投资成本增加，在预期收益不变的情况下，投资收益将降低。这主要是因为在没有政府干预情况下的企业工艺创新市场化行为，需要解决工艺创新公共产品特征所带来的一系列问题，如"坐蹭车者"问题、资源配置无效率问题等。

当 $\sigma = 0$ 时，也就是政府出资解决部分私人投资的资金沉淀问题，有

$$I(t) = I(0)e^{\alpha t} \tag{4.10}$$

此时的投资模型为

$$F(I) = (Ie^{\alpha t} - V)e^{-\rho t} \tag{4.11}$$

当 $\alpha < 0$ 时，$I(t)$ 将不随时间增加，如果 $I > V$，私人投资将选择立即对工艺创新投资。

当 $0 < \alpha < \rho$ 时，$I(t)$ 将随时间的增加而递增，此时，$F(I) > 0$。

那么最优投资收益为

$$I^* = \frac{\rho}{\rho - \alpha} I \tag{4.12}$$

当 $I \geqslant I^*$ 时，企业应立即进行投资。

第二节　税收政策对制造业工艺创新的作用机理

一、税收政策对工艺创新的促进作用

税收调节是指运用税收杠杆对社会经济运行进行的引导和调整。通过税收的多征、少征与免征，可以从多方面作用于微观经济活动，使之符合宏观经济运行的目标。

企业作为工艺创新的主体，在制造业工艺创新过程中发挥着重要作用，但是从事制造业工艺创新活动存在着极大的不确定性，除了技术研发前景的不确定性和未来市场风险的不确定性，整个国家和社会如何看待企业的工艺创新行为，以及促进工艺创新的措施等都是企业需要面临的风险要素。税收政策就是企业工艺创新外部环境优劣的真实反映。它的真正作用就是要尽可能地消除工艺创新外部环境的不确定性，给企业营造一个相对来说较为稳定的外部创新环境及一个可以预见的未来收益。在工艺创新活动的早期，市场化并不能起到促进工艺创新活动内部实现自我更新和发展，企业从事工艺创新的规模也是很小的，但是成功的工艺创新为企业带来的高额收益也是产业界可以预见的。大量的跟随者涌入成为工艺创新收益的分享者，迅速降低了工艺创新领导者的预期收益，当边际收益小于边际成本时，企业就失去了从事工艺创新的动力。

税收政策就是在工艺创新活动的早期,当企业从事工艺创新的幅度受到外部环境的强影响时,为从事工艺创新的制造业企业营造一个较为稳定的外部环境。

在工艺创新非市场化阶段,我们采用 Grossman-Helpman 模型来考察税收政策的作用方式。

设定从事工艺创新的企业的瞬时效用函数为

$$\log D(t) = \int_0^\infty \log \left[\sum q_m(j) x_{mt}(j) \right] \mathrm{d}j \tag{4.13}$$

式中,$x_{mt}(j)$ 为第 j 种产品中质量阶梯为 m 的商品的消费量。

令 $q_0(j)=1$,则有 $q_m(j)=\lambda^m$,那么不同质量的同类产品是完全替代品,并且不同行业的产品之间的替代弹性为 1。

企业的跨时效用函数为

$$U = \int_0^\infty \mathrm{e}^{-\mu} \log D(t) \mathrm{d}t \tag{4.14}$$

如果在同一行业中只有两个企业——领导者和跟随者,并且领导者生产质量高的产品,跟随者生产质量次优的同种产品;领导者企业在工艺创新方面不具有成本优势,并且生产一单位产品需要一单位的劳动投入;跟随者的产品定价和每种商品的边际成本均等于工资率 ω。

由于跟随者的产品定价为 ω,那么当领导者的产品定价小于 $\lambda \cdot \omega$ 时,成本优势使领导者的市场占有率为 100%。当总支出 $E(t)=1$ 时,领导者的垄断利润为 $1-\dfrac{1}{\lambda}$;如果质量升级来自于领导者进行创新的成果,创新后领导者的产品定价为 $\lambda^2 \cdot \omega$,领导者获得的垄断利润为 $1-\dfrac{1}{\lambda^2}$。由于领导者在工艺创新方面不存在任何成本优势,这促使领导者放弃从事任何创新方面的研究。从整个社会来讲,如果要在工艺创新方面有所进步,那么工艺创新活动必然来自跟随者或引入其他企业进行研发。此时,领导者和跟随者的市场位置就会发生互换,跟随者将成为新的工艺创新领导者,失去工艺创新的成本优势,而领导者将蜕变为跟随者,获得工艺创新的成本优势,当这个过程周而复始地进行下去的时候,整个行业乃至国家的工艺创新水平就会不断提高。如果企业丧失了获得成本优势的途径,这个过程就会戛然而止。当跟随者取代领导者的地位,获得研发成功时,将获取 $1-\dfrac{1}{\lambda}$ 的垄断利润,直到下一次产品升级发生为止。但是我们也应该注意到,使这个过程能够不断地进行下去的一个重要因素是企业如何获得工艺创新的成本优势,并且在这个过程中,国家对制造业企业从事工艺创新的稳定扶持政策将给予企业一个很好的未来预期,可以使企业自行决定从事工艺创新的幅度和速度,使企业真正成为工艺创新的市场化主体。所以保持税收政策的平滑化是税收政策促进工艺创新活动的重要功能。

二、工艺创新中税收政策的作用传导模式

作为国家进行宏观经济调控的手段,税收政策在国家经济低迷时,通过减税、免税和降低税率,以扩大社会需求;在国家经济高涨时,通过提高税率,缩小减免范围或开征新

税,压缩社会总需求,使社会总需求与总供给趋向均衡。社会化大生产在客观上要求国民经济按比例协调发展,因此,国家通过对产业部门税收的重课限制或轻课、免课鼓励,引导企业的经济活动,使其服从于国家产业政策的要求,从而促进产品结构和产业结构的协调发展。在税制设计方面,发挥累进税率自动稳定器的作用,不需要政府采取具体的增税或减税措施,可以通过自身累进课征的机制,随着总需求的增减变化,自动扩大或缩小税基。随着税基扩大,税收以超过税基扩大的幅度而自动上升,约束企业和个人税后可支配收入,限制投资需求和消费需求,使扩张的势头有所减缓。反之,随着税基缩小,税收以超过税基缩小的幅度而自动下降,使企业和个人的税后可支配收入相对增多,对总需求量的缩减起到一定的抑制作用。通过自动稳定器的作用,税收政策对储蓄、投资、生产、消费等经济环节发挥着重要的调节作用。

国家对制造业工艺创新的税收优惠政策是国家引导产业部门的经济活动,使其符合国家产业政策的发展方向和要求,促进制造业产业结构和产品结构的调整。通过给予从事制造业工艺创新企业税率和税基方面的优惠,提高企业工艺创新的预期收益,从而提升企业从事工艺创新的积极性。

假设实际利率 r 保持不变,制造业工艺创新产出为 Y,消费为 S,税收为 T,政府税收成本为 C,t 期税收变量为 T_t,税收成本变量为 C_t,政府原始税收积累为 D_0。那么,政府给予企业的税收优惠所减少的收入,就等于企业获得的税收收益与政府税收成本之和。政府希望在满足政府预算约束的条件下,以最小的成本变量给予企业最大的税收收益。

政府 t 期的税收成本为

$$C_t = Y_t f\left(\frac{T_t}{Y_t}\right) \tag{4.15}$$

并且

$$\begin{cases} f(0) = 0 \\ f' > 0 \\ f'' > 0 \end{cases}$$

政府收入约束为

$$\sum_{t=0}^{\infty} \frac{1}{(1+r)^t} T_t = D_0 + \sum_{t=0}^{\infty} \frac{1}{(1+r)^t} G_t \tag{4.16}$$

政府在满足上述预算约束条件下,尽可能地缩小税收成本,以扩大企业获得的工艺创新税收优惠收益。在此条件下,企业税收优惠收益最大化问题,就转化成政府税收变化成本最小化的问题,即

$$\min_{T_0, T_1, \cdots} \sum_{t=0}^{\infty} \frac{1}{(1+r)^t} Y_t f\left(\frac{T_t}{Y_t}\right) \tag{4.17}$$

在实际操作过程中,政府为扶持某个行业的发展而给予从事该行业的企业的税收优惠并不是永久的。当这个行业的发展可以完成自身的市场化演变的时候,政府的税收政策会恢复到正常水平,甚至会高于其他同行业的税率水平。这主要是政府受到预算约束的影响,通过推迟某一期的税收收入,在可预见的将来再收回这笔收入,用于弥补这一期的政府支出产生的赤字。那么政府对工艺创新的税收优惠政策也会遵循这样的运行

规律。

假设政府在第 t 期减少了企业 ΔT 的税收,在第 $t+1$ 期增加 $(1+r)\Delta T$ 的税收,其他各税期的缴税额不变。政府在预算约束条件不变的情况下,要使税收对政府预算约束函数的影响为 0,也就是税收变化成本最小,必然存在着税收变化的边际收益和边际成本的相等。

税收变化的边际收益为

$$\begin{aligned} \mathrm{MB} &= \frac{1}{(1+r)^t} Y_t f'\left(\frac{T_t}{Y_t}\right) \frac{1}{Y_t} \Delta T \\ &= \frac{1}{(1+r)^t} f'\left(\frac{T_t}{Y_t}\right) \Delta T \end{aligned} \tag{4.18}$$

税收变化的边际成本为

$$\begin{aligned} \mathrm{MC} &= \frac{1}{(1+r)^{t+1}} Y_{t+1} f'\left(\frac{T_{t+1}}{Y_{t+1}}\right) \frac{1}{Y_{t+1}} (1+r)\Delta T \\ &= \frac{1}{(1+r)^{t+1}} f'\left(\frac{T_{t+1}}{Y_{t+1}}\right) (1+r)\Delta T \end{aligned} \tag{4.19}$$

由于 $\mathrm{MB}=\mathrm{MC}$,必有

$$\frac{1}{(1+r)^t} f'\left(\frac{T_t}{Y_t}\right) \Delta T = \frac{1}{(1+r)^{t+1}} f'\left(\frac{T_{t+1}}{Y_{t+1}}\right) (1+r)\Delta T$$

由上式可知

$$f'\left(\frac{T_{t+1}}{Y_{t+1}}\right) = f'\left(\frac{T_t}{Y_t}\right)$$

即

$$\frac{T_{t+1}}{Y_{t+1}} = \frac{T_t}{Y_t} \tag{4.20}$$

税收政策对经济生活中的储蓄、投资、生产、消费等多个环节都有重要的调节作用,但是税收的调节作用并不是无限的,它要受到政府预算约束的影响,以及税收调节的领域、税收课征的深度、价值规律作用的程度、税收以外的投资环境等多种客观因素的制约。因此,正确估计税收的调节作用是完善税制设计,使税收的多种调节作用得以充分发挥的前提。

第三节 政府采购政策对制造业工艺创新的作用机理

一、政府采购政策对工艺创新的调节作用

在制造业工艺创新中,政府采购政策的实质是政府通过对制造业产出系统的调整,对制造业工艺创新产品需求产生拉动效应,并根据各个部门之间直接或间接的中间产品的相互交易,引导一系列的连锁反应。然后,引起实物型中间产品的变动,且最终完成对制造业产出系统的调整。通过对制造业工艺创新需求拉动而对制造业产出系统做出主动调整,并进而引导中间产品通过连锁反应而被动进行一系列调整。

假定制造业某最终产品企业 h 的实物型最终产出被调整,而其供应商的实物型最终产出都不变,即

$$\overline{f_h}^{\#} = \overline{f_h} + \Delta \overline{f_h} \neq \overline{f_h}$$

且

$$\overline{f_k}^{\#} = \overline{f_k}, k = 1, 2, \cdots, h-1, h+1, \cdots, n \tag{4.21}$$

因为 $\overline{f_h} \neq 0$,所以

$$Q_h = \left(\boldsymbol{b}_{hh}\frac{\overline{f_h}}{q_k}\right) + \sum_{i=1}^{n}\boldsymbol{b}_{ki}\frac{\overline{f_k}}{q_i} = \left(\boldsymbol{b}_{kk}\frac{\overline{f_k}}{q_k}\right) + 1 \neq 1 \tag{4.22}$$

即,企业 h 的实物型总产出由于该企业的实物型最终产出的调整而改变。

类似地,有

$$Q_h = \left(\overline{\boldsymbol{b}}_{kh}\frac{\overline{f_h}}{q_k}\right) + 1 \tag{4.23}$$

如果 $\boldsymbol{b}_{kh} > 0$,即企业 k 直接或间接向企业 h 提供中间产品,则 $Q_k \neq 1$。这意味着,虽然企业 k 的实物型最终产出并没有改变,但是由于企业 h 的实物型最终产出的改变及这两个部门之间的相互关联,导致企业 k 的实物型总产出也被改变了。对企业 k 来说,实物型总产出的调整是由于实物型中间产出的改变,这是对企业 h 的实物型最终产出的调整的连锁反应。

政府采购政策实质是对制造业工艺创新产品产量和生产成本的双重保证,最终的目的是保护企业的赢利能力,防止产品上市初期由于价格高而导致销量小。因此,政府采购中给予制造业企业产品的价格保证实质是增加值行向量的调整,它产生于成本推动或利润变动,并根据各个部门的需求量直接按直接产品或间接中间产品的价格进行相互交易,从而导致一系列连锁反应,然后会引起中间投入值的变动,并最终完成价格系统的调整。增加值由于成本推动或利润变动而主动调整,中间投入值通过连锁反应而被动调整。假定企业 k 的增加值被调整,而其余企业的增加值都不变,那么,企业 k 的价格由于该企业的增加值的调整而改变。同理,如果 $\boldsymbol{b}_{kh} > 0$,即企业 h 直接或间接消耗 k 企业的中间产品,虽然企业 h 的增加值并没有改变,但是由于企业 k 的增加值的改变,以及两个企业之间的相互关联,导致企业 h 的价格也被改变。对企业 h 来说,价格的调整是由于中间投入值的改变,这是对企业 k 的增加值调整的连锁反应。

当价格不变时,产出的调整等价于实物型最终产出向量的变动。所以,在产出调整时,实物型最终产出向量和实物型总产出向量都会改变。因此,当制造业产出不变时,价格的调整等价于增加价值向量的变动。在价格调整时,增加价值向量和总投入值向量都会改变。所以,增加价值率向量有可能改变。由于增加价值的主要部分是工资和利润,因此,增加价值率近似等于相对收益。

二、工艺创新中政府采购的调节模型

假设制造业产出系统是不变的,总产出的列向量也是不变的,那么制造业投入产出模型的基本方程为

$$\boldsymbol{V} = \boldsymbol{p}(\boldsymbol{I} - \overline{\boldsymbol{A}})\hat{\boldsymbol{q}} \tag{4.24}$$

其中，$\overline{A}$ 是在一定时间内不变的。由于产出系统是不变的，q 是不变的，因此当且仅当 V 变动，则 p 变动。

令：$q = (q_i)_{n1} \gg 0$ 是制造业实物总产出列向量；

$p = (p_j)_{1n} \gg 0$ 是制造业价格行向量；

$X = \hat{p}q = (x_i)_{n1} \gg 0$ 是制造业价值总产出列向量；

$\overline{A} = (\overline{f}_i)_{n1} \gg 0$ 是制造业实物最终产出列向量；

$F = \hat{p}\overline{F} = (f_i)_{n1} > 0$ 是制造业价值最终产出列向量；

$V = (v_j)_{1n} > 0$ 是增加价值行向量；

$\overline{T} > 0$ 是实物型中间产品交易矩阵；

$T = \hat{p}\overline{T} > 0$ 是价值型中间产品交易矩阵；

$A = \hat{q}^{-1}\overline{T} = X^{-1}T = (\hat{a}_{ij})_{nn} > 0$ 是中间产出系数矩阵；

$B = (I - A)^{-1} = (B_{ij})_{nn} > 0$ 是 Ghosh 逆矩阵；

$\overline{A} = \overline{T}\hat{q}^{-1} > 0$ 是实物型中间投入系数矩阵；

$\overline{B} = (I - \overline{A})^{-1} > 0$ 是实物型 Leontief 逆矩阵；

$A = T\hat{X}^{-1} = \hat{p}\overline{A}\hat{p}^{-1} = (a_{ij})_{nn} > 0$ 是价值型中间投入系数矩阵；

$B = (I - A)^{-1} = (b_{ij})_{nn} > 0$ 是价值型 Leontief 逆矩阵；

其中

$$A = \hat{q}^{-1}\overline{A}\hat{q} = \hat{X}^{-1}A\hat{X}$$

$$B = \hat{X}^{-1}B\hat{X}$$

那么政府采购政策支持下制造业工艺创新投入产出见表 4.1。

表 4.1 投入产出表

项目	中间产值	最终产值	总产值
中间投入值	$T = \hat{p}\overline{T}$	$F = \hat{p}\overline{F}$	$X = \hat{p}q$
增加值（初始投入）	$V = X^t - E^t T$	—	—
总投入值	$X^t = \hat{p}q$	—	—

三、调节模型求解

令：制造业工艺创新产品产出调整系数列向量如下

$$Q = \hat{q}^{-1}q^{\#} = (Q_1, Q_2, \cdots, Q_n)^t \tag{4.25}$$

其中，$q^{\#} \gg 0$ 是重新确定的实物型总产出列向量。显然有 $Q \gg 0$。令上标对应于政府采购政策下新的产出系统。

由 $A = \hat{q}^{-1}\overline{A}\hat{q}$，可得到

$$\overline{F}^{\#} = (I - \overline{A})q^{\#} = (1 - \hat{q}^{-1}\overline{A}\hat{q})\hat{q}Q = \hat{q}(I - A)Q$$

那么有

$$\overline{F}^{\#} = \hat{q}(I - A)Q \tag{4.26}$$

由 $\overline{A}$ 是在一定时间内不变的及公式(4.33),可得

$$\overline{T}^{\#} = \overline{A}\hat{q}^{\#} = \overline{A}\hat{q}\hat{Q} = \overline{T}\hat{Q} \tag{4.27}$$

当制造业工艺创新产品价格系统不变时,即 p 是常向量时,可得工艺创新产品供给量调整模型为

$$F^{\#} = \hat{X}(I-A)Q \tag{4.28}$$

此外,由(4.26)式可知

$$X^{\#} = \hat{p}q^{\#} = \hat{p}\hat{q}Q = \hat{X}Q \tag{4.29}$$

由(4.27)式可知

$$T^{\#} = \hat{p}\,\overline{T}^{\#} = \hat{p}\overline{T}\hat{Q} = T\hat{Q} \tag{4.30}$$

$$V^{\#} = (X^{\#})^{t} - E^{t}T^{\#} = (X^{t} - E^{t}T)\hat{Q} = V\hat{Q} \tag{4.31}$$

由 $A = \hat{q}^{-1}\overline{A}\hat{q}$ 和(4.28)式可得

$$A^{\#} = (\hat{q}^{\#})^{-1}\overline{A}\hat{q}^{\#} = (\hat{q}\hat{Q})^{-1}\overline{A}\hat{Q} = \hat{Q}^{-1}A\hat{Q} \tag{4.32}$$

因此有

$$B^{\#} = \hat{Q}^{-1}B\hat{Q} \tag{4.33}$$

那么新的产出系统 $q^{\#}$ 重新确定的投入产出见表 4.2。

表 4.2　由新产出系统确定的投入产出表

项目	中间产值	最终产值	总产值
中间投入值	$T^{\#} = T\hat{Q}$	$F^{\#} = \hat{X}(I-A)Q$	$X^{\#} = \hat{X}Q$
增加值(初始投入)	$V^{\#} = V\hat{Q}$	—	—
总投入值	$(X^{\#})^{t} = X^{t}\hat{Q}$	—	—

当 p 变动,当且仅当 V 变动,所以价格系统调整的实质是增加价值行向量的调整,它产生于成本推动或利润变动,并根据各个企业间按直接或间接的中间产品进行相互交易,这会导致一系列的连锁反应,然后引起中间投入值的变动,且最终完成价格和产出系统的调整。增加值由于成本推动或利润变动而主动调整,中间投入值通过连锁反应而被动调整。

第四节　风险投资政策对制造业工艺创新的作用机理

一、风险投资在工艺创新中的导向作用

1. 工艺创新风险投资导向博弈模型

制造业工艺创新风险投资过程是制造业各创新主体基于自身利益与共同利益的博弈过程,参与工艺创新的主体为了获得更多利益,常常主动或者被动地接受工艺创新,因此成为新的工艺创新扩散源。当风险资本从事工艺创新带来高收益时,就为工艺创新提供了扩散的途径和可能性,而稳定的收益将促使从事工艺创新的企业规模不断壮大,扩大共

同利益的基础,为自身利益的扩张提供空间,从而吸引更多的社会私人投资投入到工艺创新活动中来。假设制造业某一行业内存在 $n(n$ 为 $1,2,3,\cdots,n)$ 个企业,那么在 n 人非合作对策中,博弈方 i 选择混合策略 $x_i^*(i=1,2,3,\cdots,n)$,如果对所有其他策略 $y_1,y_2,\cdots,y_n$ 来说,有

$$U_i(x_1^*,x_2^*,\cdots,x_i^*,\cdots,x_n^*) \geqslant U_i(x_1^*,x_2^*,\cdots,y_i^*,\cdots,x_n^*) \tag{4.34}$$

其中,U_i 为博弈方 i 的策略组合效用,则称策略组合 $(x_1^*,x_2^*,\cdots,x_i^*,\cdots,x_n^*)$ 为纳什均衡策略点。相应制造业某一行业内 n 个从事工艺创新的主体的博弈为

$$G = \{x_1,x_2,\cdots,x_n;U_1,U_2,\cdots,U_n\} \tag{4.35}$$

$$U_1 + U_2 + \cdots + U_n < U \tag{4.36}$$

在制造业某一行业从事工艺创新的企业,鉴于所拥有的创新资源和要素禀赋的不同,将导致收益和投入成本的比例存在差异,所以在同一博弈中,为使支付极小化,效用最大化,不同的企业将采取不同的创新策略,如果将投资于工艺创新的风险投资与其他社会资本按投资于制造业工艺创新活动时间不同分为领跑者联盟与跟随者联盟,这样就形成了一个二人博弈对策。因此,投资企业投资于制造业工艺创新时间的选择构成了一个博弈过程。为便于问题的讨论,本书将制造业工艺创新风险投资博弈假定在领跑者联盟 A 和跟随者联盟 B 两个投资主体间展开,其结果可类推到其他投资于制造业工艺创新过程的投资企业中。假定制造业某行业产品的市场占有率是 γ,那么 A 联盟投资的企业产品市场占有率就是 γ_A,B 联盟投资的企业产品市场占有率就是 γ_B,且有 $\gamma_A+\gamma_B=1$;C 代表企业从事工艺创新的成本,那么 C_A 代表 A 联盟投资于工艺创新的资本,C_B 代表 B 联盟投资于工艺创新的资本,且有 $C=C_A+C_B$;R_A 表示 A 联盟获得的收益,R_B 表示 B 联盟获得的收益,则博弈方 A 和 B 的静态博弈模型的效用矩阵见表 4.3。

表 4.3 工艺创新投资导向博弈的效用矩阵

博弈方 A		博弈方 B	
		投资	不投资
	投资	$(U-C)_{\gamma_A},(U-C)_{\gamma_B}$	$(U'-C_A),(R_B-C_B)$
	不投资	$(R_A-C_A),(U'-C_B)$	$(U''-C)_{\gamma_A},(U''-C)_{\gamma_B}$

2. 博弈模型构建与求解

在上述假定中,联盟 A 在工艺创新风险投资过程中占据主导地位,而联盟 B 则处于从属地位,但是这并不意味着双方在市场利益分配过程中主从地位的确定,所以 A 和 B 在制造业工艺创新风险投资过程中的博弈构成了一个非对称复制动态进化博弈。假设博弈方 A 中选择投资策略的企业比例为 x,则选择不投资策略的企业比例为 $1-x$;博弈方 B 中选择投资策略的企业比例为 y,选择不投资策略的企业比例为 $1-y$;则博弈方 A 选择投资的企业期望收益 π_{A1}、选择不投资的企业期望收益 π_{A2} 和群体的平均收益 $\bar{\pi}_A$ 分别为

$$\pi_{A1} = y[(U-C)_{\gamma_A}] + (1-y)(U'-C_A) = y(U_{\gamma_A}-U'+C_A-C_{\gamma_A}) + U'-C_A \tag{4.37}$$

$$\pi_{A2} = y(R_A-C_A) + (1-y)(U''-C)_{\gamma_A} = y(R_A-C_A-U''_{\gamma_A}+C_{\gamma_A}) + (U''-C)R_A \tag{4.38}$$

$$\begin{aligned}\bar{\pi}_A = x\pi_{A1} + (1-x)\pi_{A2} &= x[y(U_{\gamma_A} - U' + C_A - C_{\gamma_A}) + U' - C_A] + \\ &\quad (1-x)[y(R_A - C_A - U''_{\gamma_A} + C_{\gamma_A}) + (U'' - C)_{\gamma_A}] \end{aligned} \quad (4.39)$$

所以博弈方 A 的复制动态方程为

$$\begin{aligned}F(x) = \mathrm{d}x/\mathrm{d}t &= x(\pi_{A1} - \bar{\pi}_A) \\ &= x(1-x)(\pi_{A1} - \pi_{A2}) \\ &= x(1-x)[y(U_{\gamma_A} - U' + 2C_A - 2C_{\gamma_A} - R_A + U''_{\gamma_A}) + U' - C_A - (U'' - C)_{\gamma_A}]\end{aligned} \quad (4.40)$$

当 $y \neq \dfrac{U' - C_A - (U'' - C)_{\gamma_A}}{U_{\gamma_A} - U' + 2C_A - 2C_{\gamma_A} - R_A + U''_{\gamma_A}}$ 时,令 $F(x) = 0$,得到两个 x 点:$x_1 = 0$, $x_2 = 1$。

对博弈方 A 的复制动态方程 $F(x)$ 求导,得式如下

$$F'(x) = (1-2x)[y(U_{\gamma_A} - U' + 2C_A - 2C_{\gamma_A} - R_A + U''_{\gamma_A}) + U' - C_A - (U'' - C)_{\gamma_A}] \quad (4.41)$$

当 $y < \dfrac{U' - C_A - (U'' - C)_{\gamma_A}}{U_{\gamma_A} - U' + 2C_A - 2C_{\gamma_A} - R_A + U''_{\gamma_A}}$ 时,$F'(0) = 0$,那么 x_1 就是一个稳定点。同理,当 $y > M$ 时,$F'(1) < 0$,那么 x_2 就是一个稳定点。根据 ESS 抗扰动稳定状态的要求,当 $y < M$ 时,x 具备从其他点向稳定点 0 进化的趋势;当 $y > M$ 时,x 具备从其他点向稳定点 1 进化的趋势。其相关相位图如图 4.1 所示。

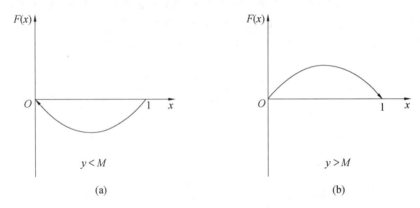

图 4.1 博弈方 A 的博弈群体复制动态相位图

同理,可得到博弈方 B 的相关期望收益计算过程如下,即

$$\pi_{B1} = x[(U - C)_{\gamma_B}] + (1-x)(U' - C_B) = y(U_{\gamma_B} - U' + C_B - C_{\gamma_B}) + U' - C_B \quad (4.42)$$

$$\pi_{B2} = x(R_B - C_B) + (1-x)(U'' - C)_{\gamma_B} = y(R_B - C_B - U''_{\gamma_B} + C_{\gamma_B}) + (U'' - C)R_B \quad (4.43)$$

$$\begin{aligned}\bar{\pi}_B = y\pi_{B1} + (1-y)\pi_{B2} &= y[x(U_{\gamma_B} - U' + C_B - C_{\gamma_B}) + U' - C_B] + \\ &\quad (1-y)[x(R_B - C_B - U''_{\gamma_B} + C_{\gamma_B}) + (U'' - C)_{\gamma_B}]\end{aligned} \quad (4.44)$$

博弈方 B 的复制动态方程为

$$F(y) = \frac{dy}{dt} = y(\pi_{B1} - \bar{\pi}_B)$$
$$= y(1-y)(\pi_{B1} - \pi_{B2})$$
$$= y(1-y)[x(U_{\gamma_B} - U' + 2C_B - 2C_{\gamma_B} - R_B + U''_{\gamma_B}) + U' - C_B - (U'' - C)_{\gamma_B}]$$
(4.45)

当 $x \neq \dfrac{U' - C_B - (U'' - C)_{\gamma_B}}{U_{\gamma_B} - U' + 2C_B - 2C_{\gamma_B} - R_B + U''_{\gamma_B}}$ 时,令 $F(y) = 0$,得到两个 y 点:$y_1 = 0$,$y_2 = 1$。

$$F'(y) = (1-2y)[y(U_{\gamma_B} - U' + 2C_B - 2C_{\gamma_B} - R_B + U''_{\gamma_B}) + U' - C_B - (U'' - C)_{\gamma_B}]$$
(4.46)

当 $y < \dfrac{U' - C_B - (U'' - C)_{\gamma_B}}{U_{\gamma_B} - U' + 2C_B - 2C_{\gamma_B} - R_B + U''_{\gamma_B}} = N$ 时,y 具备从其他点向点 0 进化的趋势;当 $x > N$ 时,y 具备从其他点向点 1 进化的趋势。其相关相位图如图 4.2 所示。

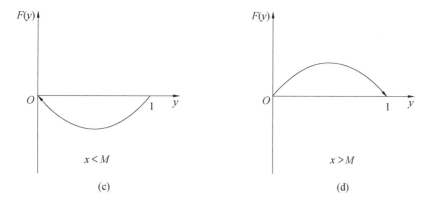

图 4.2　博弈方 B 的博弈群体复制动态相位图

进一步,联立方程组,得到下列 5 组解:$(0,0)$,$(0,1)$,$(1,0)$,$(1,1)$,(N,M)。点 (N,M) 是一个策略点,代表 A、B 两个联盟采取不同博弈策略的状态点,如图 4.3 所示。

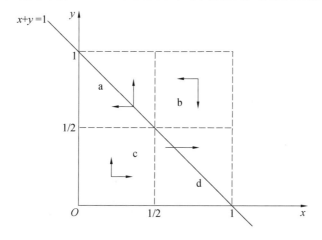

图 4.3　工艺创新风险投资非对称动态博弈复制动态和稳定性

二、工艺创新风险投资的导向过程

通过对图4.3的分析,我们可以看到 a 和 d 区是博弈策略的稳定进化策略区,c 和 b 区是博弈策略的动态变化区,其中 c 区属于动态变化的扩张策略区,而 b 区属于动态变化的收敛策略区。点(1/2,1/2)是一个市场均衡点,同时也是一个分化点。因为处于该点时,采取投资策略和不投资策略的两个联盟中的企业数处于相等的形势中,此时市场处于一个均衡状态,但是这种均衡是极其脆弱的,市场和环境的微小变化都可导致博弈策略的分化。当点(N,M)与点$(1/2,1/2)$重合的时候,必有

$$\frac{U' - C_B - (U'' - C)_{\gamma_B}}{U_{\gamma_B} - U' + 2C_B - 2C_{\gamma_B} - R_B + U''_{\gamma_B}} = 0.5 \tag{4.47}$$

$$\frac{U' - C_A - (U'' - C)_{\gamma_A}}{U_{\gamma_A} - U' + 2C_A - 2C_{\gamma_A} - R_A + U''_{\gamma_A}} = 0.5 \tag{4.48}$$

由式(4.47)可得

$$(U'' - C)_{\gamma_B} + (R_B - C_B) = (U - C)_{\gamma_B} + (U' - C_B) \tag{4.49}$$

$$(U'' - C)_{\gamma_A} + (R_A - C_A) = (U - C)_{\gamma_A} + (U' - C_A) \tag{4.50}$$

式(4.49)和(4.50)说明,相对于博弈双方而言,无论对方联盟采取什么博弈策略,我方联盟只要能够确保采取投资策略所得期望收益与采取不投资策略所得期望收益相等,那么 A、B 联盟博弈的结果就会达到市场所期望的稳定点。

如果将(0,0)作为初始点,那么 A 和 B 首先进入的是 c 区,此时,A 和 B 联盟中的企业为了扩大收益都会采取积极的投资策略,如果 B 联盟中采取投资策略的企业数和收益增长过快,就会挫伤 A 联盟中企业的积极性,致使(N,M)点直接由 c 区进入 a 区,最终的结果是(N,M)点回落到 c 区,或者沿着 $x + y = 1$ 这条直线向市场均衡点回落,应该说当(N,M)点沿着 $x + y = 1$ 直线向市场均衡点回落是市场总体期望收益的提高,是博弈策略的进化;如果 A 联盟发展过快,超出了 B 联盟可接受的能力,那么(N,M)点在进入 d 区之后,或者回到 a 区或者沿着 $x + y = 1$ 直线向市场均衡点进化。同理,如果(N,M)点位于 b 区时,由于 A、B 两个联盟采取过多的投资策略,(N,M)点将选择进入 a 区或者 d 区,以达到市场均衡。

事实上,当一项新工艺技术推向市场的时候,超低的产品成本所带来的巨大利润空间是工艺创新的跟随者联盟中选择投资策略的企业的进入前利润。与巨额利润相比,跟随者联盟中选择投资策略的企业遇到进入后产品价格下降,甚至低于成本的风险要小得多。在两个联盟中选择投资策略的企业间的多次博弈过程中,为了降低进入后价格所带来的风险,跟随者联盟中的投资企业不断地寻找各种途径来降低成本。在没有政府管制的竞争中,这种做法会极大地损害领跑者联盟中从事工艺创新扩散企业的利益,那么多次博弈后的结果就是(N,M)点直接由 c 区进入 a 区,极端的结果就是(N,M)点落于(0,1)点。此时,市场上的新工艺技术不再出现,工艺创新都是在原有工艺技术基础上的改良和微小的改进。如果政府在新生产技术出现的初期采取管制措施,制止投资企业间的无序竞争,并对从事工艺创新投资的领跑者联盟中的企业予以扶持,那么多次博弈后的结果就是(N,M)点由 c 区进入 d 区,极端的结果就是(N,M)点落于(1,0)点上。这种结果的出

现是政府对风险投资管制过于严格，扶持政策过于向领跑者联盟企业倾斜，并且领跑者联盟中投资企业提高了投资新工艺技术的门槛，致使新工艺技术在被投资企业中扩散的速度和范围急剧缩小；如果政府在这个时候放松管制，或者领跑者联盟中投资企业降低新工艺技术的投资门槛，那么(N, M)点将由 d 区进入 b 区，新工艺技术将在跟随者联盟企业中进入新一轮的工艺创新扩散。

第五节　碳中和目标下工艺创新财政支持政策效果一般均衡分析

本章的前 4 节分别将对制造业工艺创新有效的 4 种财政政策工具置于不同的经济模型中来说明财政支持政策对制造业工艺创新的作用机理。税收政策是通过税收的平滑有限度地在一定期间内减少对制造业的税收，降低企业在创新初期的经营成本，减少企业的经营支出，以提高生产企业的积极性，是一种暂时性的税收优惠措施，具有阶段性和临时性的特征。当企业的创新成果达到市场化程度的时候，随着企业纳税税基的扩大和正常税率的恢复，国家曾经减少的税收将得以恢复。从这个角度来看，税收优惠将不会对国家的经济增长产生影响。但是如果从一个较长的时期来看，国家通过税收优惠政策吸引更多的投资者和生产者投身于制造业工艺创新活动中，增加了制造业整体的投资水平和投资规模，而投资水平和投资规模的提高必然带来行业产出规模的提升，进而推动国家经济的增长。因此，制造业工艺创新税收优惠政策是通过改变该行业的投资水平和投资规模来发生作用的。风险投资政策具有与税收优惠政策相似的作用效果。风险投资公司之间的博弈行为最终的结果是改变制造业工艺创新活动的私人投资水平。国家对风险投资公司的引导和扶持无非是改变该行业的预期收益水平，而预期收益水平的提高将大大提高风险投资公司对制造业工艺创新的投资意愿，进而改善制造业工艺创新活动的私人投资水平。

一般将投资看作利率的函数，那么就可以用 IS 曲线和 LM 曲线来说明产品市场与货币市场的均衡问题。鉴于此，制造业工艺创新产品市场和货币市场的均衡状态如图 4.4 所示。

当采取增加制造业工艺创新的财政科技投入、给予从事工艺创新的制造业企业税收优惠、扩大政府采购规模和吸引风险投资投资于制造业工艺创新的时候，相当于投资、消费或政府支出等总支出的增加，而总支出的增加将使制造业的生产和行业收入增加，进而增加国家的收入水平。如果此时国家的货币市场资金充裕，将导致虽然国家增加了对某一行业的投资力度，但是并不会引起国家利率水平的提高，即如图 4.4 所示的状况。这说明国家对制造业工艺创新的财政支持应该建立在资金流充裕的基础之上，各国的经济实践也验证了这一推断，工艺创新是一国具备一定的经济积累之后所进行的技术创新行为，尤其是装备制造业企业的工艺创新是该国获得关键性技术优势、延长创新收益期的重要途径。

目前，国际上对碳定价主要有两种方式，分别是碳税和碳市场。无论采取哪种碳定价方式，均会增加相关企业的生产成本，在碳中和目标既定的条件下，企业的创新幅度（产品

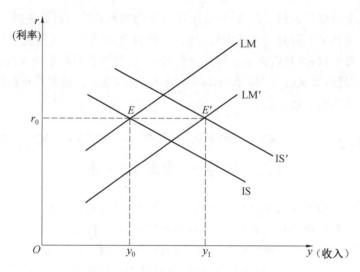

图 4.4　制造业工艺创新市场一般均衡

质量升级指数)由企业自主决定,需要考察的是碳税和碳市场哪种碳定价方式能够更有效地激励企业的创新行为。具体作用机理论述如下。

假定市场上消费者的格罗斯曼和赫尔普曼跨时效用函数表示为

$$U = \int_0^\infty e^{-\rho \log D(t)} dt \tag{4.51}$$

其中 $\log D(t)$ 是消费者的瞬时效用函数,具体表示为

$$\log D(t) = \int_0^\infty \log\left[\sum q_m(j) x_m(j)\right] dj \tag{4.52}$$

λ 为产品质量升级指数,即创新幅度,$x_m(j)$ 表示第 j 种产品中质量阶梯为 m 的商品的消费量。

令 $q_0(j) = 1$,则有 $q_m(j) = \lambda^m$;

假设创新企业研究开发的成本取决于创新幅度,令从事创新企业的资产价值为 $v(\lambda)$,市场上创新跟随企业的产品定价为 $\omega(\lambda)$,那么在单位时间内,企业从事创新密度为 f,创新幅度为 λ,知识产量为 α 的创新活动需要的劳动投入成本为 $\alpha(\lambda)f$。

假设 $\alpha' > 0, \alpha'' < 0$,创新企业从事研发活动的预期收益为 $[v(\lambda)f - \omega(\lambda)f] \cdot dt$,当企业增大创新幅度使得创新边际收益等于边际成本时,企业的创新幅度达到最大。创新企业可以自主选择创新密度和创新幅度,此时存在如下的等式成立,即

$$v'(\lambda) = \omega \alpha'(\lambda) \tag{4.53}$$

由式(4.53)可知,企业从事创新活动的研究成本将消耗企业资产,当企业的资产价值刚好等于其研究成本时,达到最大创新密度,即 $v(\lambda) = \omega \alpha(\lambda), f > 0$。因此,创新企业的研发密度应控制在最大创新密度以下,并且只有企业的创新收益等于其创新研究成本时,企业的创新行为才不会蚕食企业的资产;只有企业创新收益大于其创新研究成本时,企业的创新行为才具有可持续性。当国家给予企业税收或投资等外部激励措施时,只有能够覆盖掉企业创新收益与研发成本之间的差额才具有激励作用,增加碳税将增加企业的运营成本,无益于激励企业通过创新研发活动解决过度碳排放的问题。由于企业进行

创新研发活动将蚕食企业的自有资产价值,因此创新企业的资产价值管理是一项必不可少的工作环节。碳市场形势则直接解决了创新研发企业的创新收益兑现问题,并且创新研发企业具有一定的定价权,由市场来弥补创新研发企业的研发成本支出,企业根据市场交易的信息反馈决定创新密度和创新幅度,真正赋予了企业创新研发的自主权。

在实践方面,欧洲发达国家在抑制碳排放方面主要是采取具有综合性的经济和财政政策,包括:自愿协议,能源/二氧化碳税,排放贸易,可再生能源或热电联产生产配额,能源效率标准,对可再生能源等的优惠费率、赠款、免税措施,等等。20世纪90年代初期,一些发达国家为了提高财政收入和降低对石油供应的依赖程度开始实行能源或以燃料碳含量为依据的能源税,客观上形成了"税收+补贴"的优惠政策形式。但是后来为了避免能源税影响本国工业在世界市场上的竞争力,一些国家对高耗能部门实行了低税率。挪威降低了海上油气生产的CO_2税率;瑞典制造业的CO_2税率已经改为标准税率的35%,某些能源密集型工业的税率也已经降低到接近为零税率;英国的能源密集型工业的税率仅为标准税率的20%。另外,为了激励节能技术的发展,又避免影响本国工业在国际市场的竞争力,很多国家对可再生能源和热电联产等高能效技术施行税收优惠或减免政策,以鼓励新能源扩大在本国能源供应中的份额。英国政府为热电联产的发展制定了税收优惠政策,自2002年起对热电联产不征收气候变化税,并以税收优惠的形式对投资热电联产的企业提供投资补助。法国则对热电联产企业减少50%的企业税,地方政府可以将减少率提高到最多100%,对可再生能源的使用降低增值税率,对可再生能源投资的企业一年以后可以享受加速折旧的政策。中国政府2007年发布了《中国应对气候变化国家方案》,这是发展中国家第一个应对气候变化的国家级方案。方案中提出到2010年中国单位GDP能耗在2005年基础上减少20%左右的目标。中国政府还在《可再生能源中长期发展规划》中提出到2010年使可再生能源消费量达到能源消费总量的10%,到2020年达到15%左右。为确保这些目标的实现,中国政府制定了一系列强有力的相关政策措施。在供应端,中国投入了2 100亿专项资金用于节能减排和生态工程,3 700亿用于产业调整结构和技术改造。在需求端,中国投入4 000亿用于保障性住房建设中节能环保材料的使用。2020年9月22日,中国政府在第七十五届联合国大会上提出:"中国将提高国家自主贡献力度,采取更加有力的政策和措施,二氧化碳排放力争于2030年前达到峰值,努力争取2060年前实现碳中和。"半年后,这一目标被写入2021年的国务院政府工作报告中。2021年7月,中国全国碳排放权交易市场正式启动并上线交易,中国成为全球最大规模的碳交易市场。可以看到,中国与西方发达国家在对待碳排放的问题上的根本认知是不同的。西方国家采取的碳税规定了碳的价格,但是并没有从总量上控制碳的排放量,这就会导致虽然企业的生产成本增加了,但是随着经济的发展国家整体的碳排放量也在相应增加,企业没有动力进一步降低碳排放量,碳排放的税收优惠措施的作用效果具有短期性。但是中国采用的碳市场就完全不一样了,除了在微观方面通过增加企业的生产成本,促使企业努力减少碳排放,中国还规定了年度碳排放总量,企业可以在碳排放总量内根据市场规则购买碳排放权,那么企业的微观生产成本就不是确定性的,将根据市场的需求状况发生变动。企业为了提高这块成本的确定性,最终会选择不断地进行工艺创新,节能减排,优化产业结构,还可以将多余的碳排放权进行交易,获取经济收益。从事工艺创新获取的技术优势也会为企业带来一定的经济收益。这是一个动态的、多方受益的过程，中国明确2060年碳中和目标是将创新幅度外生给定的条件转变成企业内生决定的状态，提高企业进行创新的动力。

第六节 本章小结

本章分别考察了制造业工艺创新过程中政府财政支持政策工具的作用模式、传导方式、导向作用，以及调节模型。通过引入资本存量模型，揭示政府财政科技投入消除由投资环境不确定性引起的投资风险，吸引潜在投资不断地转变为现实投资方面的作用。在满足政府预算约束的条件下，政府希望以最小的成本变量给予企业最大的税收收益。通过给予从事制造业工艺创新企业税率和税基方面的优惠，提高企业工艺创新的预期收益，从而提升企业从事工艺创新的积极性。政府采购政策的实质是政府通过对制造业产出系统的调整对制造业工艺创新产品需求产生拉动效应，并根据各个部门之间直接或间接的中间产品的相互交易，引导一系列的连锁反应。最后，本章进行了4种财政支持政策效果的一般均衡分析，以及碳中和目标下企业4种财政政策对创新幅度和创新密度的影响机理及政策实践效果分析。

第五章 制造业工艺创新财政支持政策绩效评价研究

第一节 制造业工艺创新财政支持政策的绩效界定

制造业工艺创新财政支持政策的绩效评价是对制造业工艺创新财政支持政策效果的评价，它要求财政政策的支出要满足社会和行业发展要求，同时也要符合财政政策覆盖面广和全面性的要求。因此，制造业工艺创新财政支持政策的评价要注重考察财政支持政策对制造业工艺创新活动促进的质量和数量的比较关系。

在财政政策全面性和财政政策效果注重数量和质量的双重规则下，本书认为，制造业工艺创新财政支持政策绩效评价应该是针对制造业工艺创新目标的有效性的评价，它包括财政扶持资金的投入产出比率是否有效、财政支持行为是否达到政府对产业调整的预期目标及工艺创新的发展给制造业的发展带来的中长期影响。它通过确定相对完善的指标体系，展现财政支持政策效果和制造业工艺创新的发展水平；通过事先确定的评价规范和标准，显示财政支持政策的有效性和制造业工艺创新发展的可持续性；通过将定性分析方法和定量分析方法相结合，全面地考察我国工艺创新在财政扶持政策下的发展潜力和探索制造业全新发展模式的有效途径。

第二节 制造业工艺创新财政支持政策绩效评价目的及原则

一、评价目的

1. 评价工艺创新财政支持政策的经济性

政府财政支出的原则是如何用最少的钱办大事，因此，对政府财政政策绩效评价的主要目的是解决公共支出活动中资金的不合理使用和资金分配的公平性问题。通过建立一个相对可信的评价体系，可以实现对工艺创新财政支持政策实施成本的考核，并形成一个有效的信息反馈，使财政政策实施者达到政策设计的目的，使财政政策的受益者都能够享受到政策的普惠。

2. 评价工艺创新财政支持政策的效率性

对工艺创新财政支持政策效率性的评价主要应该从工艺创新产出效率方面来进行，即以最小的政策投入得到预期的工艺创新产出水平或以既定的财政政策投入水平得到最大的工艺创新产出效果。工艺创新的作用旨在降低成本、减少浪费和缩短上市时间，因此对工艺创新产出效率的评价包括工艺创新成本节约率、工艺创新产品市场占有率和新产品上市时间间隔等几个方面的具体指标考核。

3. 评价工艺创新财政支持政策的有效性

工艺创新财政支持政策经济性和效率性的评价并不能真正体现财政支持政策的目标,事实上,政府对制造业工艺创新财政政策的支持并不是仅仅局限于工艺创新的发展,而是希望借助于工艺创新的发展促进制造业快速发展,由制造业作为一个发展契机带动其他产业发展,进而带动整个国家经济繁荣发展。因此,对工艺创新财政支持政策有效性的评价应强调宏观调控效果的管理,注重制造业工艺创新的发展对其他行业发展的拉动作用,确认是否有意外的结果将对预期的发展目标产生积极或消极的影响。

4. 评价工艺创新财政支持政策的客观性

资源的稀缺性要求国家对制造业工艺创新财政支持政策要按一定的合理比例配制社会资源,要求在满足人们合理生产生活需要的前提下尽可能地满足各部门的发展需求,以确定最优的资源配置方案。

5. 评价工艺创新财政支持政策的特殊性

财政政策实施必然涉及财政收支,财政收支影响社会各阶级、各阶层之间在社会总产品分配中的利益关系,影响社会再生产过程的各个侧面。因此,评价财政绩效就应从财政收支本身的直接效用出发,把财政收支效果放到社会再生产总过程中去评价。财政收入多少并不能直接表现为收入效果的高低,因为财政收入直接影响社会再生产过程中相关单位和个人的经济利益,必然对社会再生产的某些方面发生推动或抑制作用。但是财政收入的多少与财政政策效果并没有必然的联系,关键还是看财政投入的方式、途径、金额。

二、评价原则

一般来讲,发达国家对政府财政收支的绩效评价主要从经济性、效率性、有效性和公平性等方面来考核,因此,对制造业工艺创新的财政支持政策的评价应遵循以下原则。

1. 选取具有代表性的指标

制造业工艺创新财政支持政策绩效评价是一个复杂的系统,可选取的指标异常庞大,每个指标的贡献程度存在着较大差别,因此在选取指标时要明确重点,选取能够在某个方面具有代表性的指标来反映系统上的差异,展现评价效果。

2. 科学性

建立制造业工艺创新财政支持政策评价体系时,各项序参量和评价指标之间必须有机配合,形成体系,相互之间既不重复,又无矛盾;要能够科学准确地反映工艺创新财政支持政策体系的基本状况和运行规律,为制定制造业工艺创新发展政策提供科学依据。

3. 相对独立性

在建立制造业工艺创新财政支持政策评价体系时,要确保所确定的各指标间相对独立。当指标间存在明显相关关系时,应采取保留主要指标原则,这样不仅可以减少指标数量,而且不丢失必要的信息。

4. 可操作性

建立制造业工艺创新财政支持政策评价体系就是要将其应用到实际评价工作中去,以便更好地促进工艺创新的发展。因此,评价指标体系的指标确定应具有资料易得、方法直观和计算简便等特点,要考虑计算数据的易得性,尽量利用统计部门现有的资料和财务统计资料。

第三节　制造业工艺创新财政支持政策绩效评价指标体系的构建

一、指标体系选择的标准

对于制造业工艺创新财政支持政策绩效评价指标体系选择的标准,本书主要遵从上述4项原则,从两个主要的方面来选择工艺创新财政支持政策绩效评价体系。本书将体现制造业工艺创新财政支持政策绩效的指标按体现该评价体系的侧重点不同分为两大类:工艺创新指标和财政支持政策指标。事实上,制造业工艺创新作为财政支持政策实施的载体,在进行财政支持政策绩效评价时,不可避免地要直接体现其各项指标的增减变动,因此,工艺创新指标是作为输出指标出现在本书的财政支持政策绩效评价体系的构建中的,而财政支持政策指标则是以输入指标的方式出现在构建的绩效评价体系中的。由于针对财政支持政策的绩效评价较少,并且财政支持政策的实施面非常广,财政支持政策效果存在滞后效应,直接对其进行绩效评价很难做到准确和客观,因此本书从财政支持政策的实施载体入手,通过考察制造业工艺创新在一定时期内的变动,来间接评价财政支持政策的实施效果。

工艺创新指标的选取本着客观、全面和定性与定量相结合的原则,分别从4个方面设定了工艺创新指标,即设备创新能力、创新价值实现能力、创新效率和创新绩效。设备创新能力反映了企业在生产设备和人员培训方面的投入,是企业将一项新工艺技术由图纸变为可操作的技术能力的真实体现;创新价值实现能力是对企业采用的或开发的新工艺技术市场可接受程度的反映,它所包含的各项指标均反映了工艺创新产品对企业利润的贡献率;创新效率综合体现了企业驾驭所拥有的各项资源进行工艺创新活动的能力,通过对其中各项指标的设定,反映出企业从事工艺创新的研究人员的工作成果,以及他们使用企业创新资源的利用率;创新绩效是对企业经营成果和发展潜力的测度指标的反映。

财政支持政策指标的选取遵循财政政策工具的分类,分别选取了4个对我国制造业工艺创新有效的财政政策工具进行逐一研究。鉴于财政政策效果不易进行评价的特点,本书尽量从4个财政政策工具中选取有代表性的指标作为评价模型的投入指标。评价指标体系见表5.1。

表 5.1 制造业工艺创新财政支持政策评价指标体系

一级指标	二级指标	三级指标
财政支持政策指标	国家财政科技投入政策	政府支持工艺创新财政支出占 GDP 的比例
	税收政策	制造业税收增加额
		单位产值增加值税收减免额
	政府采购政策	政府采购规模
	风险投资政策	风险投资规模
工艺创新指标	设备创新能力	制造业生产设备价值增加额
		制造业生产设备变动比率
		职工教育培训费增加额
		职工教育培训费变动率
	创新价值实现能力	制造业工艺创新产品市场占有率
		制造业工艺创新附加值比率
		制造业工艺创新技术积累能力
		制造业工艺创新技术产品化能力
		制造业工艺创新经营能力
	创新效率	新产品利用率
		产品生产成本变动率
		生产原料节约率
		新材料使用率
		国家标准实用新型专利申请数
		资本保值增值率
	创新绩效	制造业利润增长率
		制造业资本积累率
		工艺创新消化吸收比率
		R&D 支出收益比率

二、工艺创新指标的选择

1. 设备创新能力

设备创新能力是指从生产设备的使用情况和提高制造业员工素质两个方面考察企业的工艺创新情况。制造业的工艺技术水平直接决定各种投入资源在生产过程中的变换效率，决定行业经济效益的优劣。该项能力可以从以下 4 个方面进行评价。

（1）制造业生产设备价值增加额。

该项指标反映了在一定时期内企业为进行工艺创新而对企业的生产设备进行改进的投入额。

制造业生产设备价值年增加额＝购入的生产设备－售出的生产设备＋技术改造生产设备增加值

（2）制造业生产设备变动比率。

该项指标放映了制造业生产设备变动的幅度和强度。

$$制造业生产设备变动比率 = \frac{生产设备年增加额}{生产设备年初额} \times 100\%$$

（3）职工教育培训费增加额。

职工教育培训费增加额反映了制造业为使员工适应新生产设备、提高操作技能而付出的费用。

职工教育培训费增加额＝本年职工教育培训费－上年职工教育培训费

（4）职工教育培训费变动率。

该项指标反映了制造业对职工教育培训投入的强度和意愿。

$$职工教育培训费变动率 = \frac{职工教育培训费增加额}{上年职工教育培训费总额} \times 100\%$$

2. 创新价值实现能力

创新价值实现能力是制造业工艺创新能力的直接体现,体现了工艺创新产出的效率和强度。新产品产值是考察工艺创新产出的直接指标,涉及新产品产值的总量、增长和比率指标。

（1）制造业工艺创新产品市场占有率。

$$产品市场占有率 = \frac{工艺创新产品销售收入}{制造业全部产品销售收入} \times 100\%$$

（2）制造业工艺创新附加值比率。

$$制造业工艺创新附加值比率 = \frac{工艺创新产值}{制造业新产品产值} \times 100\%$$

（3）制造业工艺创新技术积累能力。

$$工艺创新技术积累能力 = \frac{工艺创新 R\&D 支出}{新产品产值} \times 100\%$$

（4）制造业工艺创新技术产品化能力。

$$工艺创新技术产品化能力 = \frac{工艺创新技术采用数}{工艺创新技术专利数} \times 100\%$$

（5）制造业工艺创新经营能力。

$$制造业工艺创新经营能力 = \frac{工艺创新支出}{销售收入} \times 100\%$$

3. 创新效率

创新效率反映了制造业创新资源对创新产出的贡献程度,也就是工艺创新投入产出的效率,通过直接或间接指标反映工艺创新投入对制造业利润贡献率的大小。

（1）新产品利润率。

$$新产品利润率 = \frac{新产品销售收入 - 新产品销售成本}{新产品销售收入} \times 100\%$$

(2) 产品生产成本变动率。

$$产品生产成本节约额 = 产品原生产成本 - 产品新生产成本$$

$$产品生产成本变动率 = \frac{产品生产成本节约额}{产品原生产成本} \times 100\%$$

(3) 生产原料节约率。

$$生产原料节约率 = \frac{原材料节约额}{原材料使用额} \times 100\%$$

(4) 新材料使用率。

$$新材料使用率 = \frac{新材料使用额}{原材料使用额} \times 100\%$$

(5) 国家标准实用新型专利申请数。

(6) 资本保值增值率。

$$资本保值增值率 = \frac{年末所有者权益}{年初所有权益} \times 100\%$$

4. 创新绩效

创新绩效是对制造业经营成果与持续发展能力的测度，是反映行业工艺创新能力提升的综合指标。制造业利润增长率、制造业资本积累率、工艺创新消化吸收比率及 R&D 支出总额与工艺创新收益比率 4 项指标分别从不同的侧面反映了制造业持续进行工艺创新的能力和潜力。

(1) 制造业利润增长率。

这是一项反映制造业盈利能力的指标，它揭示了制造业现期盈利能力和未来盈利潜力，是对行业长期发展趋势的判断。通过对制造业利润增长率的考察，可以了解制造业未来有多大的能力进行工艺创新，同时也能了解国家对制造业工艺创新的支持资金对吸引企业响应配套资金的影响。

$$制造业利润增长率 = \frac{利润增加额}{上年度利润总额} \times 100\%$$

(2) 制造业资本积累率。

该项指标反映了制造业现有资产的盈利水平。通过该项指标，我们可以了解到制造业资产尤其是生产设备的技术水平与市场先进水平之间的差距，也可以基本判断出制造业的工艺创新到底是先进技术水平上的技术变革，还是在低端、落后，甚至是淘汰产能基础上的修修补补。

$$制造业资本积累率 = \frac{本年度利润总额}{资产总额} \times 100\%$$

(3) 工艺创新消化吸收比率。

这是一项反映制造业工艺创新技术市场获利能力和工艺创新技术市场接受程度的指标。

$$工艺创新消化吸收比率 = \frac{工艺创新消化吸收经费}{工艺创新 R\&D 支出} \times 100\%$$

(4) R&D 支出收益比率。

该项指标反映了制造业从事工艺创新的效率，是对企业 R&D 支出成果的考核。

$$\text{R\&D 支出收益比率} = \frac{\text{R\&D 支出总额}}{\text{工艺创新收益}}$$

三、财政支持政策指标的选择

1. 国家财政科技投入政策

本书选取政府支持工艺创新财政支出占 GDP 的比例作为衡量国家财政科技投入政策的指标。

$$\text{政府支持工艺创新财政支出占 GDP 的比例} = \frac{\text{研究与实验发展经费}}{\text{GDP}} \times 100\%$$

2. 税收政策

制造业工艺创新涉及多个税种,限于国家统计口径和数据的限制,本书筛选出两个指标作为工艺创新税收政策情况的测量指标。

(1) 制造业税收增加额。

$$\text{制造业税收增加额} = \text{本年税收总额} - \text{上年税收总额}$$

(2) 单位产值增加值税收减免额。

$$\text{单位产值增加值税收减免额} = \frac{\text{税收减免额}}{\text{制造业工艺创新产值增加值}}$$

3. 政府采购政策

本书选取政府采购规模直接作为政府采购政策的评价指标。

4. 风险投资政策

鉴于我国风险投资的主要投资对象是高技术制造业,所以我们直接选取风险投资规模作为衡量制造业工艺创新风险投资政策的评价指标。

第四节 制造业工艺创新财政支持政策绩效评价模型

一、绩效评价模型

1. 数据包络分析(DEA)评价方法简介

数据包络分析(DEA)评价方法是在相对效率评价的基础上发展起来的一种系统分析方法,其基本原理是设立一些决策单元(DMU),通过比较这些 DMU 间的共同特性,寻找 DMU 间输入和输出指标间的线性组合,进而得到一组线行组合的有效生产活动的外包络面,从而比较各个 DMU 的相对有效性。这种方法是著名运筹学家 Charnes 和 Cooper 等学者于 1978 年首次提出了第一个 DEA 模型 C2R 模型,随后在 1985 年,Charnes、Cooper 与 Seitord、Stutz 等学者联合提出了 C2GS2 模型,以解决不满足锥性的生产可能集出现的情况。接下来的学者相继提出了其他一些扩展的 DEA 模型,如 C2WH 模型、加性 DEA 模型、C-D 型 DEA 模型、含偏好信息的 DEA 模型等。

DEA 首先是构建一个生产函数前沿面,将被评价单元的生产点与该生产函数前沿面距离看作该单元的技术效率。在被评价单元中的生产函数不要求采用同一形式,对被评价单元间的映射关系约束较小,因此每一个单元都可以根据自己的生产结构来调整生产函数,以达到被评价单元整体生产效率最大化,即多元最优化准则。DEA 方法较为适合复杂多变的情况,更接近实际情况,通过对实际观测数据的分析就可对决策单元的有效性进行评价,不仅能计算生产单元的相对效率,还可以指出无效的根源及改进目标,给决策者提供较多的经济管理信息。评价时不必考虑指标的量纲,可以避免寻求相同度量因素所带来的许多困难,事先也不需要确定指标的相对权重及决策单元各输入输出之间的显函数关系,排除了操作人员的主观因素对评价结果的客观性影响。

DEA 在进行不同 DMU 间的比较时,要求参与的 DMU 具有相同的目标和任务、相同的外部环境及相同的输入和输出指标,这些都限制了 DEA 方法的使用范围。另外,DEA 方法把偏离前沿面的所有偏离指标都归于效率低下,忽略了由于统计误差造成的干扰,影响了测量结果的可信度;DEA 方法测度的结果也不能像生产函数法那样方便地进行显著性检验。最后,DEA 方法更关注技术上的最优而不是经济上的最优。

2. DEA 基本模型

本书使用基本的 C2R 模型,也就是 Charnes 和 Cooper 等提出的原始 DEA 模型。

通常,C2R 评价模型含有 n 个评价 DMU,DMU 的输入输出向量满足如下条件,即

$$\begin{cases} 1 \leqslant j \leqslant n \\ \boldsymbol{x}_j = (x_{1j}, x_{2j}, \cdots, x_{mj})^{\mathrm{T}} \\ \boldsymbol{y}_j = (y_{1j}, y_{2j}, \cdots, y_{sj})^{\mathrm{T}} \\ j \in N \\ 1 \leqslant i \leqslant m \\ 1 \leqslant k \leqslant s \\ T = \{(x,y) \mid x \text{ 的所有产出 } y\} \end{cases} \tag{5.1}$$

假设生产可能集 T 满足 4 条公理,即

(1) 凸性。T 是一个凸集,T 内赋予任意两个权数之和为 1 的输入指标的线性组合作为新的输入,可得到原产出相同权数线性组合的新产出。

(2) 锥性。新产出与原产出的比例与新投入与原投入的比例相同。

(3) 无效性。T 中允许有无效行为,即浪费现象的产生。

(4) 最小性。T 是上述 3 个条件集合的交集。

当 $\mu \in [0,1], k > 0, \lambda_j \geqslant 0$ 时,令 $k\mu_j = \lambda_j$,则有

$$T = \left\{ (x,y) \,\Big|\, \sum_{j=1}^{n} \lambda_j \boldsymbol{x}_j \leqslant x, \sum_{j=1}^{n} \lambda_j \boldsymbol{y}_j \geqslant y \right\} \tag{5.2}$$

X_j 对应于权重系数 $\boldsymbol{v}_j, \boldsymbol{v}_j = (v_1, v_2, \cdots, v_j)^{\mathrm{T}}$;$Y_k$ 对用于权重系数 $\boldsymbol{u}_k, \boldsymbol{u}_k = (u_1, u_2, \cdots, u_s)^{\mathrm{T}}$。

第 j 个 DMU 的效率评价指数为

$$h_j = \frac{\sum_{k=1}^{s} \boldsymbol{u}_k y_{kj}}{\sum_{i=1}^{m} \boldsymbol{v}_i x_{ij}} \quad (j=1,2,\cdots,n) \tag{5.3}$$

h_j 越大,表明 DMU_j 的效率越高,也就是说同等输入的情况下,输出相对较多。

接下来就面临着如何寻找最大 h_j 以使 DMU_j 最优的问题。因此,可以构建如下 C2R 模型,即

$$D(C^2R)\begin{cases}\max \dfrac{\sum\limits_{k=1}^{s}\boldsymbol{u}_k y_{kj}}{\sum\limits_{i=1}^{m}\boldsymbol{v}_i x_{ij}}\\ \text{s. t.}\ \dfrac{\sum\limits_{k=1}^{s}\boldsymbol{u}_k y_{kj}}{\sum\limits_{i=1}^{m}\boldsymbol{v}_i x_{ij}}\leqslant 1\end{cases} \quad (5.4)$$

利用 Charnes-Cooper 线性变换对上式进行线性规划,线性规划模型如下,即

$$D(C^2R)\begin{cases}\max \boldsymbol{\mu}^{\mathrm{T}}y_{kj}\\ \text{s. t.}\ \boldsymbol{\omega}^{\mathrm{T}}\boldsymbol{x}_j-\boldsymbol{\mu}^{\mathrm{T}}\boldsymbol{y}_j\geqslant 0\\ \boldsymbol{\omega}^{\mathrm{T}}x_0=1\\ \boldsymbol{\omega}>0,\boldsymbol{\mu}>0\end{cases} \quad (5.5)$$

$s^-\geqslant 0, s^+\geqslant 0$ 引入新的松弛变量,s^+ 表示投入的不足,s^- 表示生产的不足。一个非阿基米德无穷小量 $\varepsilon(\varepsilon>0)$,可将上面的分式规划转化为如下的线性对偶规划,即

$$D(C^2R)\begin{cases}\min (\sum\limits_{i=1}^{m}p_i\theta_i-\sum\limits_{r=1}^{s}q_r\delta_r)\\ \sum\limits_{j=1}^{n}\lambda_j\boldsymbol{y}_j-s^+=y_0\\ \text{s. t.}\ \sum\limits_{j=1}^{n}\lambda_j\boldsymbol{x}_j+s^-=\theta x_0\\ \lambda_j\geqslant 0\\ s^+\geqslant 0, s^-\geqslant 0\end{cases} \quad (5.6)$$

3. 评价模型确定

制造业工艺创新财政支持政策体系是一个庞杂的系统,其包含各种财政政策的运用,本书选取了 4 种对制造业工艺创新效果明显的财政政策工具作为研究对象,进一步探讨财政支持政策对制造业工艺创新的引导和促进作用。国家财政科技投入政策、税收政策、政府采购政策和风险投资政策这 4 种政策工具可以单独使用,也可以联合使用,重点是要使制造业工艺创新的整体发展水平和行业竞争力得到提高,并达到最优的发展状态。由于很难确定财政政策工具与制造业工艺创新各项指标间的线性模型关系,因此,我们选取 DEA 方法的 C2R 模型作为评价制造业工艺创新财政支持政策绩效评价模型。在绩效评价模型建立的过程中,无须确定输入输出指标间的线性比例关系,那么本书就可以将 4 种有效的财政政策工具作为 DEA 模型的 DMU,把制造业工艺创新指标作为 DEA 模型的输出指标,通过工艺创新各项指标的对比和评价对制造业工艺创新财政支持政策绩效进行评价。

假设 $1\leqslant j\leqslant 4, m=s=4, T$ 为生产可能集,那么 $1\leqslant i\leqslant 4, 1\leqslant k\leqslant 4$。

财政政策输入指标:$\boldsymbol{x}_4 = (x_{14}, x_{24}, x_{34}, x_{44})^T$

工艺创新输出指标:$\boldsymbol{y}_4 = (y_{14}, y_{24}, y_{34}, y_{44})^T$

当 $\mu \in [0,1], k > 0, \lambda_4 \geqslant 0$ 时,令 $k\mu_4 = \lambda_4$,则有:生产可能集

$$T = \left\{ (x,y) \Big| \sum_{j=1}^{4} \lambda_4 \boldsymbol{x}_4 \leqslant x, \sum_{j=1}^{4} \lambda_4 \boldsymbol{y}_4 \geqslant y \right\} \tag{5.7}$$

由此可知:DMU 的效率评价指数为

$$h_j = \frac{\sum_{k=1}^{s} \boldsymbol{u}_k y_{kj}}{\sum_{i=1}^{m} \boldsymbol{v}_i x_{ij}} \quad (j=1,2,3,4) \tag{5.8}$$

其中,$\boldsymbol{v}_i = (v_1, v_2, v_3, v_4)^T$;$\boldsymbol{u}_k = (u_1, u_2, u_3, u_4)^T$。

那么制造业工艺创新财政支持政策绩效评价模型表示如下。

$$D(C^2R) \begin{cases} \sum_{j=1}^{4} \lambda_j \boldsymbol{y}_j - s^+ = y_0 \\ \text{s.t.} \sum_{j=1}^{4} \lambda_j \boldsymbol{x}_j + s^- = h_j x_0 \\ \lambda_j \geqslant 0 \\ s^+ \geqslant 0, s^- \geqslant 0 \end{cases} \tag{5.9}$$

其中,s^+ 表示投入的不足;s^- 表示生产的不足。

二、模型投入与产出指标的确定

对制造业工艺创新财政支持政策绩效的评价实质上是判断工艺创新财政政策工具的有效性,而对财政政策有效性的评价应该通过对反映制造业工艺创新各项指标的考核来完成。也就是说,要评价财政政策的有效性,就应该看看反映工艺创新的各项指标是否得到提高。鉴于此,本书选取财政政策指标作为投入指标,选取工艺创新指标作为 DEA 产出指标,建立 DEA 模型。

1. 投入指标的确定

在本章第三节中,本书分析了用以代表财政支持政策的各项指标。遵从本书对财政政策有效工具的分类,仍然从国家财政科技投入政策、税收政策、政府采购政策和风险投资政策 4 个方面选取指标来反映政府对制造业工艺创新的财政支持投入情况。因此,在 DEA 模型的投入指标的选取过程中,继续遵循这样的研究模式,从 4 个方面选取指标作为制造业工艺创新财政支持政策绩效评价模型的决策单元。

(1) 国家财政科技投入政策。

选取应用与实验研究发展经费作为国家对制造业工艺创新投入资金情况的反映。

(2) 税收政策。

考虑到国家对制造业工艺创新税收优惠金额的数据难以获取,本书初步选取单位产值增加值税收减免额作为反映制造业工艺创新税收政策的指标。

(3) 政府采购政策。

本书直接选取国家的政府采购规模作为衡量指标。

(4) 风险投资政策。

自风险投资诞生以来，风险投资的对象一直就是以高技术、高风险、高收益为特征的制造业高新技术领域，而制造业高新技术的发展必然伴随着工艺创新的发展，因此，本书选取风险投资规模作为制造业工艺创新风险投资政策的投入指标。

2. 产出指标的确定

在本章第三节中，本书从4个方面分析了在工艺创新财政支持政策绩效评价体系中反映工艺创新效率的各项指标，它们分别是：设备创新能力、创新价值实现能力、创新效率、创新绩效。在构建的制造业工艺创新财政支持政策绩效的 DEA 评价模型中，本书仍然沿用既有的研究模式，从上述4个方面选取输出指标。

(1) 设备创新能力。

选取制造业生产设备价值增加额作为反映制造业工艺创新设备创新能力的指标。

(2) 创新价值实现能力。

选取制造业工艺创新技术积累能力作为评价创新价值实现能力的指标。

(3) 创新效率。

由于反映创新效率的其他指标在实际中很难获得，因此选取国家标准实用新型专利技术申请数作为评价创新效率的指标。

(4) 创新绩效。

选取工艺创新消化吸收比率作为反映制造业工艺创新财政政策绩效评价模型中反映创新绩效的指标。

至此本书完成了对制造业工艺创新财政支持政策绩效 DEA 评价模型的投入产出指标的选择。具体见表 5.2。

表 5.2 投入产出指标一览表

DMU	投入指标	DMU	产出指标
国家财政科技投入政策	应用与实验研究发展经费	设备创新能力	制造业生产设备价值增加额
税收政策	单位产值增加值税收减免额	创新价值实现能力	制造业工艺创新技术积累能力
政府采购政策	政府采购规模	创新效率	国家标准实用新型专利技术申请数
风险投资政策	风险投资规模	创新绩效	工艺创新消化吸收比率

三、评价标准的确定

本书对制造业工艺创新财政支持政策绩效的评价标准采取定性标准和定量标准相结合的方法来确定。定量标准的确定以评价模型中构建的各项指标的提高为基本原则，结合各国同行业的相同指标来衡量我国工艺创新财政政策的绩效。在具体操作过程中，严格按照统计学的方法进行收集、整理资料和数据，保证数据的可靠性和真实性。同时，秉持数据的可获得性原则，本书对数据进行筛选、合并，并对指标的运行进行测试等，以进一步保证所选指标的完整性和全面性，对每一个指标进行定义和具体量化，从而通过构建的评价模型对我国制造业工艺创新财政支持政策绩效做出准确评价。

对于定性标准的使用,仅限于对有代表性指标的选取工作。通过在二级有效指标间的筛选,选取有代表性的指标作为工艺创新和财政政策各项一级指标的代表,分别作为构建的 DEA 评价模型的输出指标和输入指标。

第五节　本章小结

本章主要对我国制造业工艺创新财政支持政策绩效评价进行了系统的研究。首先,对制造业工艺创新财政支持政策的绩效进行了界定;其次,探讨了制造业工艺创新财政支持政策绩效评价的目的和原则;再次,建立了制造业工艺创新财政支持政策绩效评价指标体系,分别从财政政策和工艺创新两个方面来考核工艺创新财政支持政策的绩效;最后,利用数据包络分析评价方法构建了工艺创新财政支持政策绩效评价模型,并确定了投入产出指标和评价标准,完成了工艺创新财政支持政策绩效评价指标体系的构建。

第六章 我国制造业工艺创新财政支持政策体系构建

第一节 制造业工艺创新财政支持政策体系结构

马克思、恩格斯认为,财政政策是国家干预经济的重要手段。国家通过对财政政策工具筛选,选择适合本国经济发展的政策工具,以促进国家的经济发展,实现产业结构的调整和发展战略。一个国家的财政政策涉及国家经济发展的各个领域,包括税收、投资、消费、储蓄、国际贸易、债券和公开市场业务等多项经济领域。因此,财政政策是一种以国家为主体的分配关系的体现,是国家干预经济的主要政策之一,是政府为了促进就业水平提高,减轻经济波动,防止通货膨胀,实现稳定增长而对政府支出、税收和借债水平所进行的选择,或对政府收入和支出水平所做的决策。国家财政政策具有分配的主体性、无偿性、强制性和社会基金性等特征。

财政政策指政府变动税收和支出以便影响总需求进而影响就业和国民收入的政策。变动税收是指改变税基、税率和税率结构。变动政府支出是指改变政府对商品与劳务的购买支出及转移支付,是利用政府预算(包括税收和政府支出)来影响总需求,从而达到稳定经济目的的宏观经济政策。其特点是政府用行政预算来直接控制消费总量和投资总量,调节国家的需求水平,使总需求和总供给达到理想的均衡状态,从而促进充分就业和控制通货膨胀。国家财政政策包括财政收入政策和财政支出政策。财政收入政策主要以税收政策为主,财政支出政策则包括积累性财政支出和消费性财政支出,具体做法有政府购买、公共投资、转移支付、政府补贴、政策性低息贷款等。

工艺创新财政支持政策是国家为了扶持制造业工艺创新的发展,运用财政政策工具,为工艺创新市场化发展提供良好的运行环境,促进制造业结构的优化和发展方式的转变。它运用政府财政对国家资金的再分配过程,为制造业工艺创新发展提供各项优惠措施,具体包括:财政直接投入、税收优惠政策、政府采购和建立风险投资平台。

系统结构是系统内部诸要素有机联系的特定形式。制造业工艺创新财政支持政策体系结构是基于制造业工艺创新过程的政府扶持工艺创新发展的系统研究。因此,应该从以下几个方面考察工艺创新财政支持政策体系。首先,制造业工艺创新是由市场需求动力因素推动的,是以市场需求为技术导向的,工艺创新的最终目的是满足市场需求。其次,企业在获得市场信息的情况下,以技术研发为先导,然后进行试行生产,在这一过程中,技术开发能力将不受企业生产设备的限制,企业实行生产的目的主要是考察工艺创新产品的品质等消费者关注的因素及生产成本等生产因素。最后,工艺创新技术开发和试产是两个相互衔接、不断反复、相互制约的过程。企业在工艺创新的过程中,可以无限次地在这两个环节中往复,目的是达到技术标准的要求和生产要求,如图 6.1 所示。

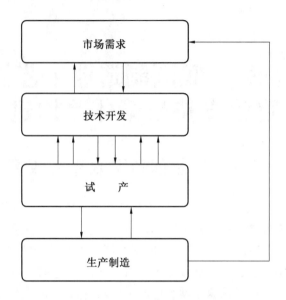

图 6.1　工艺创新过程示意图

基于以上分析,本书提出了我国制造业工艺创新财政支持政策体系结构框架图,如图 6.2 所示。我国制造业工艺创新财政支持政策体系主要包括以下 4 个部分。

第一,工艺创新财政科技投入政策系统,即政府运用财政拨款和财政补贴等政策性工具直接扶持工艺创新过程的技术开发和试产两个环节的机制,以及它们之间的相互协同作用。

第二,工艺创新税收政策系统,即政府采用减免税、产品出口退税、再投资抵免、加速折旧、允许费用扣除、留取投资备用金、税式支出等多种形式,对制造业工艺创新的市场需求、技术开发、试产及生产制造 4 个过程给予的税额、税率及税基等方面的优惠措施,以及使这些措施得以有效实施的机制。

第三,工艺创新政府采购政策系统,即政府如何以最经济的方式为纳税人创造均等的竞争机会,并在工艺创新市场需求环节实施的过程中保证有效性和竞争性,实现国家产业政策战略目标的运行机制。

第四,工艺创新风险投资政策系统,即政府为风险投资的发展创造适合的市场和环境条件,为风险资金投资于制造业工艺创新技术开发和试产环节提供一个运作的平台。在这一过程中,政府不是风险投资的主体,主要是创造一个适合风险投资发展的软环境。

制造业工艺创新财政支持政策边界决定了国家对从事工艺创新的制造业企业予以财政扶持的类型和有效财政政策工具选择,以及工艺创新政策延伸效果等问题,是关系到制造业工艺创新成败的重要问题,是决定行业工艺创新层次的首要问题,是关乎国家产业结构调整的战略问题。因此,在选择工艺创新财政支持政策工具和财政支持政策效果的同时,要考虑国家产业发展政策和国家产业结构调整政策,使工艺创新财政支持政策要符合国家产业发展和产业结构调整政策的规定,提升财政支持政策效果,提高国家财政资金的使用效率。

一直以来,我国财政扶持政策的主要对象是规模较大的制造业企业的产品创新,无论

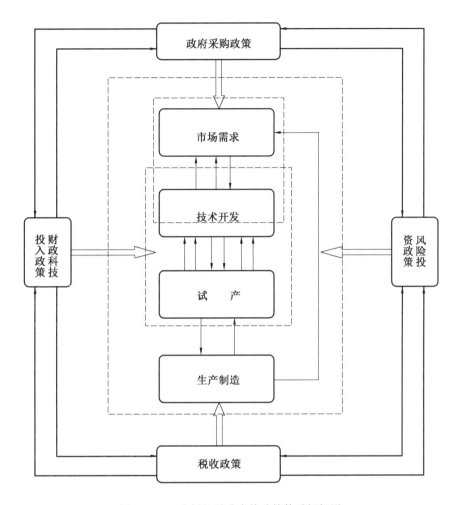

图 6.2 工艺创新财政支持政策体系框架图

是政府给予企业 R&D 活动的补贴,还是企业对 R&D 的投入,都侧重于产品创新。事实上,无论是积累性的财政支出还是消费性的财政支出,都会很快地转化为对生产资料和消费资料的购买,因而财政支出可以直接而迅速地引起社会需求总量的变动。

第二节 制造业工艺创新财政支持政策体系的主要功能

一、工艺创新投资导向作用

1. 引导私人资本投资方向

政治经济学认为,生产者改进生产技术的动机是由于价值规律的作用。他们认为,如果个别生产者改进了生产技术,他的个别劳动生产率就会高于社会平均劳动生产率,从而个别劳动耗费将低于社会必要劳动耗费,那么当他在市场上按市场价格销售商品时,他将获得高额的收益回报。因此,各个生产者为了保持自己的竞争优势,就会不断地改进生产技术,并对自己所采用的新技术和经营方法保守秘密。当大部分生产者都采取新生产技术时,整个行业的生产技术水平将得到极大的提高。因此,当整个行业的生产技术能力较低,生产者缺乏生产积极性,私人资本看不到投资收益,而该行业的发展对国家经济具有重要作用时,政府就应该采取财政支持措施,给予从事该行业的生产者以各种优惠政策,降低他们的生产成本,吸引私人资本不断投入,发挥价值规律的作用。

2. 吸引风险资本的投入

风险资本具有高风险、高收益的特点。风险资本一直在市场上寻找新的价值增长点,只要具有高收益的项目,风险资本都会积极地关注和介入。近年来,风险资本的投资风格也在不断地变化,从股权投资到参与企业的经营运作。因此,制造业工艺创新高风险、高收益的特点完全符合风险投资的价值取向。但是由于制造业工艺创新目前仍处于起步阶段,与之相关的各项优势没有完全显现出来,因此,如果政府能够给予制造业工艺创新相应的财政支持,剔出工艺创新在发展初期所面临的各项系统性风险,那么风险投资就会不断地涌入该行业,在充裕资金流的支持下,制造业工艺创新将得到极大发展。

3. 降低金融资本投入的风险

除了追求资本的收益,金融资本更注重安全性和流动性。金融资本在寻找投资机会时,对资本的安全性和流动性要求相对较高。政府财政资金投入和相应税收政策的运用除了会缓解急需发展资金的工艺创新企业的燃眉之急,还可以在某种程度上降低工艺创新的系统性风险和技术风险,从而提高金融资本投入所要求的安全性。另外,财税政策等优惠措施也可以增强投资人的投资意愿,从而使金融资本的退出途径较为顺畅。

二、工艺创新市场化促进功能

1. 促进资源配置的市场化

由于制造业工艺创新市场存在失灵,依靠市场自发力量形成的资源配置不可能实现帕累托最优,因而政府介入和干预是必然的。通过财政的功能,发挥政府在促进工艺创新发展方面的职能。财政通过提供发展经费和采购公共用品,引导社会资源合理流入制造业行业,弥补市场的失灵和缺陷,最终实现全社会资源配置的最优效率状态。在市场经济条件下,投资主体是多元的,但是政府作为一个投资主体,其对整个社会的示范作用是非常明显的。财政通过运用投资补贴、投资抵免、投资贷款贴息、税收优惠、政府采购等手段引导和吸引社会资本投入国家鼓励发展的产业和领域,将多余的资本从生产率低下的成熟产业引导到急需资金发展的新兴产业部门和领域,从整个社会的角度来讲,实现资源配置的合理化,提高社会资源的使用效率。例如,法国政府通过制定中长期发展规划和推动传统制造业技术改造来加强对制造业工艺创新发展的引导和扶持。法国政府承诺从2006年起的未来3年间,向那些具有"竞争力极点"的项目提供15亿欧元的资金支持。2005年8月成立工业创新署,并推出一系列配套政策,以推动高新技术产业发展。政府充分运用政府预算、贷款、补贴、税收优惠等政策构建完备的工艺创新资助体系,大力发展各类公共及私人风险基金,通过实施"新兴企业家计划"及大量引进外国高科技人才,建立人才支撑体系等。

2. 促进工艺创新成果转化的市场化

工艺创新市场资源配置的失灵会导致工艺创新成果供需出现严重的不平衡状况。国家财政对制造业工艺创新的扶持，能够增加从事工艺创新企业的研发经费，提高企业工艺创新活动的积极性，从而可以增加工艺创新成果的市场供应量，使急需进行工艺改造的企业的可选择余地大大增加。另外，通过鼓励企业增加对研发的投入，降低对企业研发费用予以免税的优惠门槛，相当于降低了企业工艺创新成果的成本，有利于工艺创新成果的转化。工艺创新成果转化的市场化还有利于创新成果中介机构的完善和发展，为工艺创新成果的供需双方提供信息交易平台，从而有效地加大对市场供给和刺激市场需求。

3. 促进工艺创新主体的市场化

企业是工艺创新的主体。我国目前制造工艺创新的局面仍然是由国有企业撑起来的，中小企业在创新资金、创新意识、创新能力、创新人才等各个方面都要弱于国有企业。而且，从事工艺创新的国有企业大部分的资金来源还是国家的各项财政专项扶持基金。我国工艺创新主体的市场化还没有起步。我国应该在国家财政支持政策中适当考虑提高企业自主进行工艺创新的能力和水平，逐步推进工艺创新主体的市场化，促进中小企业成为工艺创新的主力军。

第三节 制造业工艺创新财政支持政策体系运行模式

国家财政拨款分为中央财政拨款和地方财政拨款。一般来讲，中央财政用于行业扶持的专项资金都要求有相关的地方财政和企业的配套资金。在我国，作为启动资金的国家财政支持资金的支出途径主要有3个：科技三项费用、科学事业费和科研基建费。政府各职能部门列支的事业费中也包括用于本行业内相关产业科技创新方面的国家扶持基金。国家用于各产业的科技创新支出的方式主要以直接专项拨款和间接投入等为主。国家财政直接拨款或者作为企业从事工艺创新项目的启动经费，或者用于弥补从事工艺创新的制造业企业的研发经费缺口。国家对从事工艺创新企业的间接财政支持政策主要以税收优惠、财政补贴为主，最近几年政府采购和风险投资政策被逐渐引入我国的财政支持政策工具中。

财政政策工具包括财政拨款、税收、政府采购、风险投资、债券、补贴、贴息、转移支付等，与工艺创新财政政策工具相关联的主要有：财政拨款、税收优惠、政府采购和风险投资。

一、财政科技投入政策运行模式

1. 主要财政科技投入政策工具

发达国家对制造业工艺创新活动的态度经历了从自由放任到实行国家进行干预和调节的过程。世界各国在促进制造业工艺创新发展过程中往往采取政府直接进行资金投入的方式，给予从事工艺创新的制造业企业最直接、最有效的政策性扶持。其中主要使用的财政政策工具为财政拨款和财政补贴。

(1) 财政拨款。

财政拨款类似于财政投资,是政府为了实现产业结构调整,促进制造业工艺创新的优先发展,发挥工艺创新以点带面的作用,提升制造业整体制造能力,通过资金的投入,为从事工艺创新的制造业企业提供发展机会的一种财政政策手段,如项目投入、基地建设、补贴、人才培养等,最终表现为经费的投入。

发达国家认为,当国家经济出现波动的时候,就是国家采取措施,进行政策性干预的时候,具体应该逆经济风向而动,采取与经济波动方向完全相反的政策措施。当经济萧条的时候,政府应采取扩张性的财政政策,积极地刺激生产投资和公私消费;当经济通胀的时候,政府应采取紧缩的财政政策,抑制盲目投资和消费对经济的推波助澜作用。

(2) 财政补贴。

财政补贴是指国家财政为了实现制造业工艺创新的快速发展,向从事工艺创新活动的制造业企业提供的一种补偿,主要用于在一定时期内对生产或经营工艺创新产品销售价格低于成本的企业或因提高商品销售价格而给予企业和消费者的经济补偿。

工艺创新财政补贴是政府以无偿的资金支付,使获得补贴的制造业企业或消费者实际收入增加的过程,实质是政府的一种转移支出,是政府的一项专项支出,具有某种资助的性质,是以改变供需结构和资源配置结构为目的的。财政补贴的应用范围非常广,涉及制造业的各个领域,甚至可以延伸到消费领域的各个环节。我国的中央财政负责对所属中央国有企业由于政策原因发生的亏损予以补贴,地方财政负责对地方所属的国有企业由于政策原因而发生的亏损予以补贴。

2. 我国制造业工艺创新财政科技投入政策运行流程

一般来讲,比较有效的财政科技投入政策主要有财政补贴和财政拨款,因此本书提出的财政科技投入政策运行流程选取了财政补贴和财政拨款两种财政政策工具,将这两种政策工具直接作用于工艺创新流程的技术开发和试产环节。由于制造业在工艺开发过程中的技术开发和试产环节急需大量的资金支持,是工艺创新成功与否的关键,也是风险最高的环节,而金融资本和风险资本需要考虑资金的效率性、效益性及流动性等问题,通常避免在这两个环节进入工艺创新领域,以降低资金的风险,因此政府的财政科技投入资金应选择在这两个高风险的环节进入工艺创新领域,以解决制造业工艺创新的发展瓶颈问题。具体运作流程如图 6.3 所示。

二、税收政策运行模式

1. 税收优惠政策的主要形式

世界各国对制造业工艺创新税收优惠政策的主要形式包括:税率优惠、税额优惠和税基优惠 3 种。其中,税率优惠和税额优惠属于直接优惠方式,而税基优惠属于间接优惠方式。

(1) 税率优惠。

税率是指应纳税额与征税对象数额之间的比例,是计算应纳税额的尺度。税率优惠一般包括税收减免和优惠税率等。税率优惠直接体现了国家对扶持行业的发展态度,是较为直接的政府优惠方式,操作起来简单易行,企业享受的优惠额度也较为直观。例如,

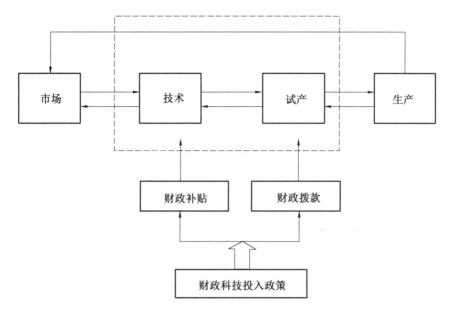

图 6.3　制造业工艺创新财政科技投入政策运行流程

美国法律规定,1981年至1985年间,企业用于应用研发的科研费用,如超过过去3年平均数或当年数额的50%,超出部分可获得25%的税收减免,直接在当年国内应纳所得税额中全额抵免。我国也经常使用这一措施。例如,我国税法规定,对设立在老市区的技术密集型生产性外商投资企业,投资额在3 000万美元以上的项目,经国家税务总局批准后可减按15%的税率缴纳企业所得税,并免征地方所得税。

(2) 税额优惠。

税额优惠是指直接对企业应纳税额进行减免的各种优惠措施,一般包括税收抵免和再投资退税等。税额优惠针对企业的经营收益进行直接减免税,简便易行,优惠额度具有确定性。它直观地体现了政府扶持行业发展的政策性倾斜,给予企业直接补偿。税收减免是日本在20世纪70年代以前激励企业进行工艺创新的最重要的财政政策工具。例如,1952年制定的《企业合理化促进法》,规定对重要产业的现代化设备实行加速折旧制度,同时对那些国民经济急需的新设备的制造和试用,免收3年的法人税或所得税,每年有200多种设备可获得税收减免,减免税额达到近40亿日元。

(3) 税基优惠。

税基优惠是对作为税法规定的用以计算应纳税额的依据进行减免,是作为鼓励措施的税收优惠方式。它是一种间接的税收优惠措施,侧重于税前优惠,做法较为隐蔽,通过对征税依据的调整,激励纳税人调整生产、经营活动以符合国家政策目标。间接优惠方式主要有税收扣除、加速折旧、准备金制度、税收抵免、盈亏相抵和延期纳税等。例如,美国法律规定,从事制造业工艺创新的企业经税务部门同意,可以自行决定采取类似折旧的办法逐年税前扣除研发费用,扣除年限一般不少于5年;也可以将研发费用在发生当年作为一次性费用进行税前扣除。日本1952年制定的《企业合理化促进法》规定,对电力、钢铁、海运、煤炭四大基础产业的制造业企业实行特别折旧率以吸引对这些领域的私人投资;对实验研究设备及新技术企业化设备等的课税作为特例加以减免;对重要机械设备的进口减免关税。

2. 税收优惠方式

税收优惠是美国新兴的供给学派的主要观点,该学派主张以减税刺激国家经济增长。目前世界各国普遍接受这一观点,在国家的经济运行中到处充斥着各种各样的税收优惠措施,主要以税收减免为主。一般来讲,税收减免是指根据国家一定时期的政治、经济、社会政策要求,对生产经营活动中的某些特殊情况给予减轻或免除税收负担。对应征税款依法减少征收为减税,对纳税人应纳税款给予部分减少或全部免除。

工艺创新税收减免方式按时间可分为定期减免和临时减免。定期减免是指在规定的期限内给予企业减税和免税,超期将不享受减免优惠。临时减免是指政府为了促进工艺创新某一方面的改进,而针对特定对象制定的在一定范围内给予企业的减免优惠,具有临时的性质。

工艺创新税收减免方式按性质可分为政策性减免和一般性减免。政策性减免是指按照国家产业政策的相关规定,给予制造业工艺创新活动的减免税,以帮助企业在短期内克服资金困难,实现发展为目的。一般性减免是指国家针对制造业企业、高新技术生产企业做出的一般发展性减免税。

工艺创新税收减免方式按发文机关可分为法定减免和行政减免。法定减免是根据基本税法的有关规定,企业依法享有的税收优惠措施。行政减免是指除了基本税法,由相关行政管理部门出台的鼓励制造业工艺创新发展的行政性法规规定的减免措施。

目前,世界各国为鼓励制造业工艺创新主要采取的税收优惠形式包括减免税、产品出口退税、再投资抵免、加速折旧、允许费用扣除、留取投资备用金、税式支出等多种形式。

3. 我国制造业工艺创新税收优惠政策运行流程

结合上述的税收政策分析,本书提出了我国税收优惠政策运行流程,具体运作模式如图 6.4 所示。

目前,我国制造业工艺创新的税收优惠政策并没有一个系统的、有针对性的运行模式,主要还是以投资主体、投资区域和投资行为来区分,没有深入工艺创新具体操作环节。由于工艺创新流程的各环节之间是一个相互融通的动态过程,各环节之间彼此也是相互联系的,因此,将税收优惠措施作用于工艺创新的所有环节,更能够快速、全面地提高我国制造业的工艺创新水平。

三、政府采购政策的运行模式

1. 政府采购政策的特征

政府采购,也称公共采购,是指各级政府及其所属机构为了开展日常政务活动或为公众提供公共服务的需要,在财政的监督下,以法定的方式、方法和程序,购买货物、工程或服务的行为。政府采购制度最早形成于 18 世纪末和 19 世纪初的西方国家。国家税收形成政府收入的主要来源,而政府采购则是政府用法律赋予的方式使用纳税人的钱。因此,政府采购制度从一开始就确定了其必须在社会各方监督下,以最经济的方式进行竞争性的采购,以显示其公平的本性。随着政府对国家经济干预的增强,政府采购的规模越来越

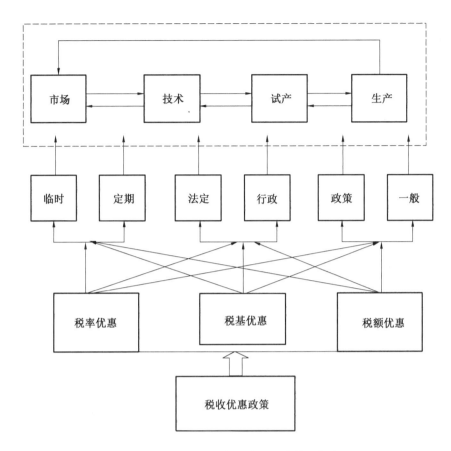

图 6.4 制造业工艺创新税收优惠政策运行流程

大,采购范围也不断拓宽,政府采购制度可适用的领域也得到进一步加深。政府作为最大的消费者,它对消费市场做出的反应,对市场的影响,乃至对生产领域的影响是非常巨大。它以一种倒推的方式,对生产领域产生影响。

政府采购制度中的经济有效性和效率要兼顾。经济有效性是其首要目标,也就是说要保证采购商品的质量满足政府部门的适用要求;效率是指政府的采购资金要得到经济有效的使用。政府通过对所需购买的产品品种、质量进行选择,引导产业发展方向,促进高新技术产业化。政府以高于市场价购买本国企业的工艺创新产品,给本国工艺创新产品以优先市场购买权,为科技创新企业营造和培育需求空间,降低企业工艺创新及市场开发的风险,提高其核心竞争力。利用政府采购等多种手段引导和支持企业科技成果产业化,为企业科技成果产业化创造一个稳定的市场空间,降低新产品进入市场的风险,进而推动企业对新技术、新工艺和新产品的研发。

2. 我国制造业工艺创新政府采购政策运行流程

政府采购一般包括政府的一般性采购、技术采购和工程采购。一般性采购主要是涉及政府日常运营所需要的用品采购,包括办公用品采购、办公设备采购、公务用车采购等;技术采购主要是政府运用采购规模优势,战略性地进行技术开发和扶持发展制造业生产技术的行为;工程采购是指政府的公共设施等工程建筑方面的用料、设备、服务等面向社会的公开招投标行为,其目的主要是考虑经济性、效率性及安全性。工艺创新的政府采购政策主要涉及一般性采购和技术采购,其对制造业工艺流程的作用环节主要涉及市场需求和技术开发。具体运行流程如图6.5所示。

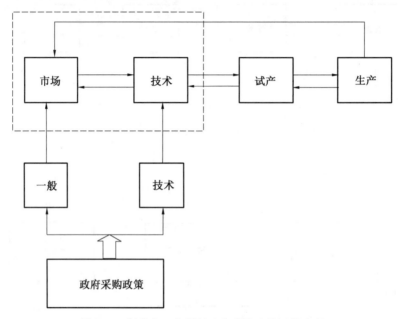

图6.5 制造业工艺创新政府采购政策运行流程

我国的政府采购制度自1996年开始试点,1999年财政部颁布《政府采购管理暂行办法》《政府采购招标投标管理暂行办法》《财政部关于政府采购合同监督暂行办法》、《政府采购品目分类表》《政府采购信息公告管理办法》及《政府采购运行规程暂行规定》等一系列规章制度,开始在全国范围内推行政府采购制度。到2000年,我国各地方政府均设立了政府采购管理机构和执行机构。2003年,《中华人民共和国政府采购法》正式实施,标志着政府采购在我国正式确立,到2006年我国政府采购规模已经达到3 681.6亿元,2007年突破了4 000亿元。1998—2006年我国政府采购规模见表6.1,1998—2018年我国政府实际采购规模见表6.2,1998—2018年我国政府实际采购规模趋势变化如图6.6所示。

表6.1 1998—2006年我国政府采购规模

年份	采购预算/亿元	实际采购规模/亿元	节约额/亿元	节约率/%
1998	35.2	31.1	4.2	11.8
1999	147.3	131.0	17.3	11.8
2000	380.5	327.9	42.5	13.8
2001	731.6	653.2	78.5	10.7
2002	1 135.4	1 009.6	119.8	11.1
2003	1 856.0	1 659.4	196.6	10.6
2004	2 406.9	2 135.7	271.2	11.3
2005	3 307.7	2 927.6	380.2	11.5
2006	4 122.2	3 681.6	440.6	10.7

数据来源:中国政府采购网相关信息整理(http://www.ccgp.gov.cn)

表 6.2　1998—2018 年我国政府实际采购规模　　　　　　　　　　单位：亿元

年份	采购规模	年份	采购规模	年份	采购规模
1998	31.1	2005	2 927.6	2012	13 977
1999	131	2006	3 681.6	2013	16 381.1
2000	327.9	2007	4 660	2014	17 305.34
2001	653.2	2008	5 990	2015	21 070.5
2002	1 009.6	2009	7 413.2	2016	23 731.4
2003	1 659.4	2010	8 422	2017	32 114.3
2004	2 135.7	2011	11 332.5	2018	35 861.4

数据来源：中国政府采购网相关信息整理(http://www.ccgp.gov.cn)

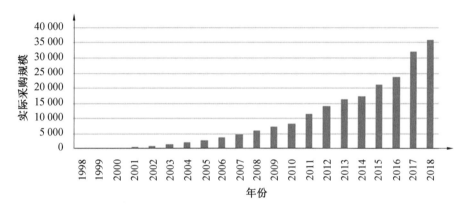

图 6.6　1998—2018 年我国政府实际采购规模趋势变化

总体来说，我国政府采购规模在 2007 年以前相对偏小，政府采购机制在调整产业结构、促进制造业工艺创新发展方面发挥作用较小，缺少系统、规范的运作模式。自 2008 年开始，我国政府采购的规模逐年增加，增长的幅度不断加大，在行业发展中所起的作用不断增强。

四、风险投资政策的运行模式

1. 风险投资方式

风险投资是指以高新技术为基础，生产与经营技术密集型产品的投资。它是由专业人士将其长期的管理经验投资于年轻而成长迅速的私人公司，而这些获得风险资本的私人公司具有发展成为区域市场甚至世界市场上的重要公司的前景和潜质。风险投资公司在进行风险投资决策的时候要考虑风险资本金、投资对象、投资期限、投资目的和投资方式等要素，以确保风险投资的成功概率。一般来讲，风险投资的成功概率只有 10%，但是一旦投资项目成功，获得的收益也是相当丰厚的，也就是说高风险伴随着高收益。

风险投资公司对投资对象通常采取股权或债权的方式进行投资，是否参与被投资公司的经营运作取决于风险投资公司对风险的管理态度。例如，以德国为代表的欧洲国家的风险资本主要来自于银行、保险公司和年金，其中银行是风险资本最主要的来源，个人和家庭资金只占 2%。而在日本，风险资本主要来源于金融机构和大公司资金，分别占

36%和37%,其次是国外资金和证券公司资金,各占10%,而个人与家庭资金只占7%。因此,德国和日本的风险投资公司一般会采取参与被投资企业经营运作的方式,严格控制投资资金的使用情况和适用途径,直到风险投资公司出售或转让股权或债权为止。而美国、加拿大等国更倾向于向创新企业提供股权融资,参与企业经营的欲望较小。

近年来,为解决中小企业融资难的问题,各国政府纷纷借助于风险投资的发展平台,鼓励风险资本投资于具有良好发展前景的中小企业,为中小企业提供各种发展基金。为了动员风险资本支持中小型创新企业发展,各国政府采取直接的激励措施,推出风险资本融资的特定政府资助计划,为风险投资企业和中小企业提供股权投资和政府贷款。目前较为常见的做法主要有3种:一是由政府向风险投资公司投资,再由风险投资公司向创新企业提供资本,在这种方式中,政府主要利用风险投资公司的专业技术判断能力来控制风险;二是由政府出资设立国家风险投资公司,对创新型企业实行股权投资,主要承担政策性的战略资金扶持项目;三是由政府和私人企业共同出资创办风险投资公司,成立风险投资基金,用于创新型企业的资金需求。

2. 我国风险投资发展现状

我国风险投资业始于1985年。我国的风险投资公司是在政府的推动下建立起来的,具有鲜明的政策导向,因此,风险投资公司的资金来源大都有两个途径:财政拨款和银行贷款。在风险投资公司的运作方面,我国的风险投资公司更倾向于在企业发展的中后期进行投资,以避开高风险。

政府兴办风险投资公司的目的在于为高新技术发展解决资金需要。国家希望将政府出资兴办的风险投资公司作为一个吸引私人和社会资本的平台,将政府的资金投入作为种子基金,吸引更多的私人资本加入高新技术发展中来。另外,目前得到各方认可的方式是建立风险投资担保资金,政府不再直接参与风险投资具体业务的操作,而是退居幕后,为吸引到风险投资青睐的企业提供担保,为符合政策导向的高技术企业提供融资担保或其他委托业务。我国的风险投资公司的数量大约有100多家,投资规模平均在1 000万左右,真正由私人资本投资的风险投资公司很少,因此投资主体单一,增长较慢,规模偏小。

3. 我国制造业工艺创新风险投资运作流程

制造业工艺创新的特征决定了进入工艺创新环节的风险资本的运作流程区别于常规的风险投资运作。通常风险资本在企业新产品或服务的设计计划阶段、生产阶段、新产品市场销售初期和企业股票上市流通阶段等多种急需资金注入的阶段选择注资企业,以获得高额收益。但是制造业工艺创新的风险资本注资环节是完全不同的,只局限于工艺生产流程中的技术开发和试产阶段,其主要是以开发先进的、具有市场前景的生产工艺技术为首要目标。具体运作流程如图6.7所示。

按资本的功能和用途,可将风险资本分为种子资金、起步资金、发展资金、周转资金、替代资本和中介融资6种资本类型。种子资金是在工艺创新之前用于研究、评估等活动的资金;起步资金是用于工艺创新开发阶段的资金;发展资金是用于技术开发和试产阶段之间技术调整方面的资金;周转资金是用于工艺创新技术后续开发和完善阶段的资金;替代资本是外购新工艺技术,并与现有工艺技术融合阶段的资金;中介融资是专业从事工艺创新开发,不进入实际生产阶段,意图用于为其他需要工艺创新的企业研发实用工艺技术

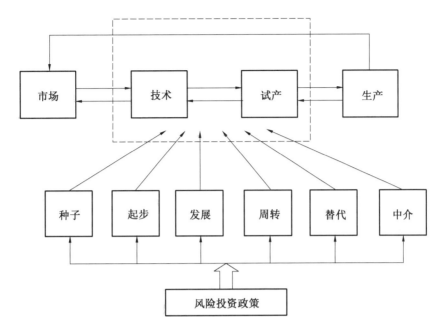

图 6.7 制造业工艺创新风险投资政策运行流程

所需的资金。制造业工艺创新的风险投资政策需要按照风险投资资本的功能和用途进行调整。

第四节 制造业工艺创新财政支持政策体系运行环境

制造业是一个动态、开放的目标系统,不仅要考虑其静态结构和联系,还要考虑其动态的因素,以及它与外部的交流。所以作为工艺创新主体的企业必须不断跨越技术和市场来寻找和发掘机遇。在快速发展的社会中,单纯由企业自主研发进行的工艺创新已经远远不能满足快速发展的社会需求,同时资金也成为限制企业发展的瓶颈。企业的工艺创新活动范围不断扩大,与外界的联系日益紧密,以企业为主体形成的企业与政府、企业与金融机构、企业与科研机构、企业与人力资源、企业与外部市场的研发模式,为企业工艺创新的发展提供了健康的平台。制造业工艺创新的财政支持政策不仅要考虑工艺创新体系内部各要素间的平衡发展,还要顾及与工艺创新相联系的其他外部环境之间的制约和协调关系。因此,制造业工艺创新财政支持政策体系的运行环境是一个有机的、动态的系统。

制造业工艺创新财政支持政策体系运行环境包括六大类,即科技政策、金融政策、产业政策、人力资源政策、法律政策及社会经济文化政策,如图 6.8 所示。

1. 科技政策

科技政策是国家为促进制造业工艺创新发展而制定的指导方针和策略原则。它明确了工艺创新的发展方向、内容及工艺创新研发的战略政策。在制造业工艺创新活动中旗帜鲜明地表明国家和政府对制造业工艺创新发展方向的真实意图,起着协调和控制的作

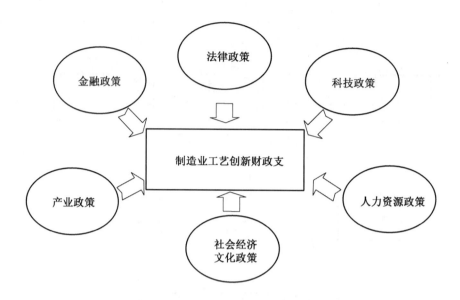

图 6.8　制造业工艺创新财政支持政策体系运行环境

用。国家科技政策涉及面广泛,从国家发展科学的战略,或具体的、地方的科学技术政策,制定正确的科技政策,既要求处理好科学技术活动领域内的各种关系,又要求处理好科学技术与社会、经济的相互关系。

2. 金融政策

金融政策是中央银行为鼓励制造业工艺创新活动的开展,增加制造业工艺创新活动的资金流,实现国家的产业结构调整和宏观经济调控目标而采取的调节货币、利率和汇率水平的各种方针、措施。与制造业工艺创新相关的金融政策主要有汇率政策和利率政策。汇率政策是制造业企业及经营工艺创新产品出口和吸引外资投资于工艺创新行为在汇率方面应享受优惠的政策法规。利率政策是国家为吸引制造业工艺创新资金而采取的有关优惠贷款利率等方面的政策法规,约束企业的筹资行为,促进企业合理筹资,通过调节社会资本的流向和流量来调整产业结构。

3. 产业政策

产业政策是政府为了实现促进制造业工艺创新的发展而对制造业的运行和发展进行干预的各种政策的总和。它包括产业结构政策、产业组织政策和产业布局政策。国家产业政策的主要目标是有效配置社会资源,合理配置产业组织形式,揭示产业机构的变化趋势和过程,调整产业机构和社会供给机构,协调国家需求和供给的矛盾。同时,利用生产的集聚效应,尽可能缩小由于各区域间经济活动的密度和产业结构不同所引起的经济发展水平的差距。

4. 人力资源政策

人力资源政策是为了促进制造业工艺创新的发展而制定的一系列关于工艺创新急需人才方面的人力资源指导方针,具体包括中长期规划和短期规划。一般由工科毕业生人数、受过高等教育的人口、长期学习的人口、中高技术和高技术制造业的就业人口占全部劳动力的比例及高新技术服务业就业人口占全部劳动力的比例等多项指标体现。

5. 法律政策

工艺创新并不是一种自然的或必然的发展过程,它需要外部的促进,市场固然是强有力的引发力量,可以引发企业主动地开展工艺创新。然而,单纯地依靠市场力量是不够的,企业的工艺创新能力系统还需要良好的法律政策环境的支持。法律政策是影响企业工艺创新能力的重要因素。法律政策对工艺创新能力所产生的作用是巨大的,甚至是根本性的。它对工艺创新的其他运行环境具有支配作用,同时也影响企业工艺创新能力系统的运行机制。一个适宜的法律政策对企业工艺创新能力系统具有积极的推动作用,反之,则会具有阻碍作用。

6. 社会经济文化政策

制造业工艺创新的发展要在一定的社会经济文化环境中进行,同时也要受到社会经济文化环境的制约,与之发生作用,相互影响。社会经济文化政策包括经济政策和社会文化政策。一个国家的经济政策决定了其产业政策的走向,而制造业工艺创新的发展离不开国家产业政策的支持,工艺创新只有在产业政策的框架内寻求发展途径,才会得到快速的发展。社会文化政策属于制造业工艺创新发展的软环境,它不直接与工艺创新发生作用,通过与参与工艺创新活动的人员等发生作用,对从事工艺创新活动的人员的思维和生存环境等方面发生作用,进而影响制造业工艺创新的发展。

第五节 本章小结

制造业工艺创新财政支持政策体系不是一个封闭的系统,它以工艺创新为载体,是国家财政政策工具的有机组合,体现了国家财政政策对私人资本的投资导向作用和促进工艺创新市场的功能。同时,工艺创新财政支持政策体系也是一个开放的运行系统,是与国家的各项政策体系密不可分的,其运行环境在动态相互协调和作用的过程中,也在不断地发展、完善。

结论及未来研究展望

在科技空前发展的今天,经济发展和国家安全取决于科学技术发展水平所决定的生产力水平的高低,企业的发展越来越受到严酷的自然资源条件的限制,单纯依靠粗放型的发展模式和规模效应已经不能满足企业和国家的经济发展要求。一些国家通过几十年的实践证明了当工艺创新与国家竞争力相结合的时候,创新作为一种全新的生产要素进入经济领域具有不可替代的作用。本书在我国2060年碳中和远景目标下,以制造业工艺创新为平台,研究了多种国家财政政策工具对工艺创新发展的促进作用,设计了我国制造业工艺创新财政支持政策的绩效评价量表体系,在此基础上构建了我国工艺创新财政支持政策体系,对我国制造业工艺创新的良好发展具有一定的理论指导和现实借鉴意义。

本书研究结论如下。

(1)制造业工艺创新市场部分失灵,需要政府资金的扶持。

工艺创新技术外溢性导致的利益外溢性使市场机制对工艺创新不能完全发挥作用;渐进性工艺创新是企业创新活动的常态,对企业生产成本的影响是反向的,对企业产量的影响是正向的;根本性工艺创新受到新技术获取成本、生产原料成本、产量、新产品的市场占有率、生产设备投资等因素的限制,致使新产品生产成本较高,是否对主流市场具有吸引力,产量成为关键因素;政府可以通过弥补从事工艺创新企业的创新收益和对采用新工艺的企业进行投资成本资金补贴,弥补生产者剩余损失。

(2)工艺创新的发展有益于打破国际上高端制造业的壁垒,助力国家实现2060年碳中和远景目标。

工艺创新为制造业的健康发展提供了支持平台,其市场发展更趋于寡头垄断。借助于装备制造业,发达国家突破了工艺创新发展前期的非排他性和非竞争性属性,使工艺创新市场资源配置朝着更有效的市场化方向发展。工艺创新具备独特的技术传播模式,每一项新工艺技术就是工艺创新扩散网中的一个结点,每个结点都是一个技术源,企业对所获得的任何一项新工艺技术的微小改进都可能成为其他企业获取新工艺技术的源泉。国家财政科技投入可以消除由投资环境不确定性引起的投资风险,并吸引潜在投资不断地转变为现实投资。受到政府预算约束的限制,政府希望以最小的成本变量给予企业最大的税收收益。通过给予从事制造业工艺创新企业税率和税基方面的优惠,提高企业工艺创新的预期收益,从而提升企业从事工艺创新的积极性。政府采购政策的实质是政府通过对制造业产出系统的调整对制造业工艺创新产品需求产生拉动效应,并根据各个部门之间直接或间接的中间产品的相互交易,引导一系列的连锁反应。

(3)工艺创新的发展是一个与国家工业体系联系紧密的过程。

各国制造业工艺创新的发展都有一个自发的探索过程,这种探索过程离不开各国自身现实的经济条件、社会制度、资源环境和国家的经济发展战略。无论是美国的多元分散的发展模式、日本的集中协调型发展方式、德国的高度集中型运作体制,还是印度和巴西以点带面、优先发展的务实作风,都具有我国可以借鉴的成功经验,用以建设适合我国国情的制造业工艺创新体系。工艺创新的投资导向作用和市场化促进功能,使制造业工艺创新财政支持政策体系不是一个封闭的系统。它以工艺创新为载体,是国家财政政策工具的有机组合,与国家的各项政策体系密不可分,在与财政支持政策体系外部环境相互协调和作用的过程中,它是一个动态的发展系统,需要不断地发展完善。

制造业工艺创新是一个动态的系统,与之相联系的财政支持政策绩效评价体系也应是一个动态的发展体系。虽然经过大量的数据和资料的搜集、整理,获得了客观、翔实的多项数据,但是本书的研究成果仍然略显单薄。今后仍然需要在已经取得的研究成果的基础上,不断地进行各项完善和修订工作,具体如下。

(1) 工艺创新作为一项经济产品,其经济特征需要更进一步地深化研究。

(2) 对世界各国制造业工艺创新发展的比较分析还需要进行更深入的研究。

(3) 需要加深制造业工艺创新财政支持政策作用机理的分析。

(4) 制造业工艺创新财政支持政策绩效评价体系的指标选择还需要进行国际的横向比较和更大范围的国内比较,以使本书的研究成果更具实践意义。

制造业工艺创新的过程是复杂的,充满了不确定性。随着我国社会各界对制造业工艺创新科技投入的逐年提高,企业作为工艺创新主体的地位被凸显出来。我国政府也适时地提出了建设创新型国家的发展要求,指出我国科技进步要把促进社会发展和解决民生问题放在重要的位置,让科技在大力提升人民生活质量上发挥重要作用。真诚地希望本书的研究成果能够对我国制造业工艺创新的发展具有一定的借鉴作用,以尽绵薄之力。

参考文献

[1] UTTERBACK J M, ABERNATHY W J. A Dynamic Model of Product and Process Innovation [J]. Omega, 1975, 3(6):639-656.

[2] ABERNATHY W J, UTTERBACK J. Patterns of Industrial Innovation[J]. Technology Review, 1978, 80(7):40-47.

[3] 经济合作与发展组织,欧盟统计局.技术创新调查手册[M].北京:新华出版社,1997.

[4] 傅家骥.技术创新学[M].北京:清华大学出版社,2003.

[5] 李晓鹏.高技术企业应重视工艺创新[J].科学管理研究,1997,15(5):43-45.

[6] 毕克新,丁晓辉,冯英浚.制造业中小企业工艺创新能力测度指标体系的构建[J].数量经济技术经济研究,2002(12):104-105.

[7] 王先逵,刘成颖,吴丹,等.论制造技术的永恒性(下)[J].航空制造技术,2004(3):30-34.

[8] NELSON R R, WINTER S G. An Evolutionary Theory of Economic Change[M]. Boston:The Belknap Press of Harvad University Press,1982.

[9] KESIDOU D E. Stimulating different types of eco-innovation in the UK: Government policies and firm motivations[J]. Ecological Economics, 2011, 70(8):1546-1557.

[10] RÍO P D, MORÁN MÁ T, ALBIÑANA F C. Analysing the determinants of environmental technology investments. A panel-data study of Spanish industrial sectors[J]. Journal of Cleaner Production, 2011, 19(11):1170-1179.

[11] 周华,郑雪姣,崔秋勇.基于中小企业技术创新激励的环境工具设计[J].科研管理,2012,33(5):8-18.

[12] 李婉红,毕克新,曹霞.环境规制工具对制造企业绿色技术创新的影响——以造纸及纸制品企业为例[J].系统工程,2013,31(10):112-122.

[13] PENLESKY R J, TRELEVEN M D. The Product-Process Matrix Brought to Life[J]. Decision Sciences Journal of Innovative Education,2005,3(2):347-355.

[14] SCHERER F M. Discussion [M]. Holland:Review of Industrial Organization, 1991:48-56.

[15] VIVERO R L. Product Differentiation and Process R&D: the Trade-off Between Quality and Productivity in the Spanish Firm[J]. Journal of Industry, Competition and Trade, 2001,1(2):181-202.

[16] FRITSCH M, MESCHEDE M. Product Innovation, Process Innovation, and Size[J]. Review of Industrial Organization, 2001,19:335-350.

[17] 派恩.大规模定制:企业竞争的新前沿[M].北京:中国人民大学出版社,2000.

[18] 安德森,派恩. 21世纪企业竞争前沿:大规模定制模式下的敏捷产品开发[M]. 冯涓,等译. 北京:机械工业出版社,1999.

[19] SAFIZADEH M H, RITZMAN L P, SHARMA D, et al. An Empirical Analysis of the Product-Process Matrix[J]. Management Science,1996,42(11):1576-1591.

[20] 方爱华,王洪清. 大规模定制模式下的产品创新与工艺创新的轻重关系[J]. 科技进步与对策,2002(4):11-13.

[21] 郭斌. 基于核心能力的企业组合创新理论与实证研究[D]. 杭州:浙江大学,1998.

[22] 任峰,李垣,赵更申. 产品生命周期对技术创新影响的实证研究[J]. 科研管理,2003,24(3):13-18.

[23] MARTINIZ-ROS E. Explaining the Decisions to Carry Out Product and Process Innovations:The Spanish Case[J]. The Journal of High Technology Management Research,2000,10(2):223-242.

[24] COHEN W M, LEVIN R C, MOWERY D C. Firm Size and R&D Intensity:A Re-Examination[J]. The Journal of Industrial Economies,1987,36(4):543-565.

[25] 陈英. 技术创新的二重经济效应与企业的技术选择[J]. 南开经济研究,2003(3):41-44.

[26] BANDYOPADHYAY S, ACHARYYA R. Process and Product Innovation:Complementarity in a Vertically Differentiated Monopoly with Discrete Consumer Types[J]. The Japanese Economic Review,2004,55(2):175-200.

[27] 叶谦,张子刚. 产品创新和工艺创新的路径选择——来自一个钢铁公司技术创新的研究[J]. 科技进步与对策,2003,20(1):81-83.

[28] KOTABE M, MURRAY J Y. Linking Product and Process Innovations and Modes of International Sourcing in Global Competition:A Case of Foreign Multinational Firms[J]. Journal of International Business Studies,1990,29(3):383-408.

[29] 劳可夫. 消费者创新性对绿色消费行为的影响机制研究[J]. 南开管理评论,2013,16(4):106-113,132.

[30] PAVITT K. Sectoral Patterns of Technical Change:Towards a Taxonomy and a Theory[J]. Research Policy,1984(13):74-3431.

[31] 侯铁珊,苏振东. 绿色壁垒引致出口产业链技术创新效应研究[J]. 科学性研究,2004,22(4):376-381.

[32] FILSON D. Product and Process Innovations in the Life Cycle of an Industry[J]. Journal of Economic Behavior & Organization,2002,49:97-112.

[33] 程源,杨湘玉. 微电子产业演化创新模式的分布规律——改进的A-U模型[J]. 科研管理,2003,24(3):19-24.

[34] 刘顺忠,官建成. 信息和市场对企业工艺创新过程作用的研究[J]. 科技导报,2003,(4):26-29.

[35] 张小蒂,王永齐. 企业家显现与产业集聚:金融市场的联结效应[J]. 中国工业经济,

2010(5):59-67.

[36] 盛丹,王永进.产业集聚、信贷资源配置效率与企业的融资成本——来自世界银行调查数据和中国工业企业数据的证据[J].管理世界,2013(6):85-98.

[37] CULL R,LI W,SUN B,et al. Government connection and financial constraints: evidence from a large representative sample of Chinese firms[J]. Journal of corporate finance,2015,32:271-294.

[38] 师博,沈坤荣.政府干预、经济集聚与能源效率[J].管理世界,2013(10):6-18.

[39] 杨仁发.产业集聚与地区工资差距——基于我国269个城市的实证研究[J].管理世界,2013(8):41-52.

[40] 丁重,邓可斌.中国企业技术创新的逆周期特征——基于上市公司面板数据的实证研究[J].当代财经,2014(8):65-78.

[41] 张杰,高德步.金融发展与创新:来自中国的证据与解释[J].产业经济研究,2017(3):43-57.

[42] 胡彬,万道侠.产业集聚如何影响制造业企业的技术创新模式——兼论企业"创新惰性"的形成原因[J].财经研究,2017,43(11):30-43.

[43] 刘洪涛,汪应洛.中国创新模式及其演进的实证研究[J].科学学与科学技术管理,1999(6):21-25.

[44] 陈劲.完善面向可持续发展的国家创新系统[J].中国科技论坛,2000(2):11-15.

[45] 吴晓波.二次创新的进化过程[J].科研管理,1995,16(2):27-35.

[46] 姚志坚,程军,吴翰.技术创新A&U模型研究进展及展望[J].科研管理,1999,20(4):8-14.

[47] XU Q, JIN C, GUO B. Perspective of Technological Innovation and Technology Management in China[J]. IEEE Transactions of Engineering Management, 1998, 45(4):381-387.

[48] 许庆瑞,王毅,黄岳元,等.中小企业可持续发展的技术战略研究[J].科学管理研究,1998,16(1):5-9.

[49] REINGANUM J,REVIEW A E,DUFLO E. Uncertain Innovation and the Persistence of Monopoly[J]. American Economic Review, 1983,73(4):741-748.

[50] BOONE J. Competitive Pressure:The Effects on Investments in Product and Process Innovation[J]. RAND Journal of Economics, 2000, 31(3):549-569.

[51] STEPHANIE R. Simultaneous Choice of Process and Product Innovation When Consumers Have a Preference for Product Variety[J]. Journal of Economic Behavior & Organization, 2003, 50(2):183-201.

[52] BONAONANNO G,HAWORTH B. Intensity of Competition and the Choice Between Product and Process Innovation[J]. International Journal of Industrial Organization, 1998(16):495-510.

[53] PING L, KAMAL S. Product Differentiation, Process R&D,and the Nature of Market Competition[J]. European Economic Review, 2002, 46:201-211.

[54] UTTERBACK J M. Mastering the Dynamics of Innovationl[M]. Boston: Harvard Business School Press, 1994.

[55] 郭斌. 企业产品创新与工艺创新的交互过程及模式研究[J]. 科技管理研究, 1999(6):51-55.

[56] SCHMOOKLER J. Invention and Economic Growth[M]. Cambridge: Harvard University Press, 1966.

[57] HIPPLE E V. "Sticky Information" and the Locus of Problem Solving: Implications for Innovation [J]. Management Science, 1994,40(4):21-29.

[58] HIPPEL E V. The Source of Innovation [M]. New York: Oxford University Press, 1988.

[59] BROUWER E, KLEINKNECHT A. Firm Size, Small Business Presence and Sales in Innovative Products: A Micro-econometric Analysis [J]. Small Business Economics, 1996(8):189-201.

[60] CRÉPON B, DUGUET E, MAIRESSE J. Research, Innovation, and Productivity:An Econometric Analysis at the Firm Level [J]. Economics of Innovation and New Technology,1998, 7(3):115-156.

[61] HALL B H, MAIRESSE J, BRANSTETTER L,et al. Does Cash Flow Cause Investment and R&D: An Exploration Using Panel Data for French, Japanese, and United States Scientific Firms [C]. Cambridge: Cambridge University Press, 1999.

[62] 褚东宁,刘介明. 工艺创新的两种驱动模型及其实证分析[J]. 科技进步与对策, 2005(11):102-104.

[63] 刘国新,万君康,陈遥. 创新动力与R&D溢出[J]. 中国管理科学, 1999(3):68-75.

[64] HICKS. Valueand Capital[M]. London: Oxford University Press,1939.

[65] 斋藤优,李公绰. 技术创新与世界经济[J]. 世界经济译丛, 1990(3):3-12.

[66] ROSENBERG N. Perspectives on Technology[M]. Cambridge University Press, 1976.

[67] COE D T,HELPMAN E. International R&D spillovers[J]. European European Economic Review,1995,39:859-887.

[68] GIAVAZZI F, PAGANO M. Can Severe Fiscal Contractions be Expansionary? Tales of Two Small European Countries[J]. NBER Macroeconomics Annual, 1990:75-122.

[69] FELDSTEIN M. Government Deficits and Aggregate Demand[J]. Journal of Monetary Economics, 1982,9 (1), 1-20.

[70] SUTHERLAND A. Fiscal Crises and Aggregate Demand: Can High Public Debt Reverse the Effects of Fiscal Policy? [J] Journal of Public Economics, 1997,65: 147-162.

[71] AARLE B V,GARRETSEN H. Keynesian, Non-keynesian or No Effects of Fiscal

Policy Changes? The EMU Case [J]. Journal of Macroeconomics, 2002(25): 213-240.

[72] COUR P, DUBOIS E, MAHFOUZ S, et al. The Cost of Fiscal Retrenchment Revisited: How Strong is the Evidence? [J]. International Economics, 1996(68):7-28.

[73] PEROTTI R. Fiscal Policy in Good Times and Bad[J]. Quarterly Journal of Economics, 1999,114 (4):1399-1436.

[74] BARRO R J, GORDON R J. A Positive Theory of Monetary Policy in a Natural Rate Model [J]. Journal of Political Economy, 1983, 91 (4):55-263.

[75] 王立勇,高伟. 财政政策对私人消费非线性效应及其解释[J]. 世界经济,2009, 32(9):27-36.

[76] 林金忠. 财政政策的挤出效应分析:IS-LM 模型及其拓展[J]. 福建行政学院福建经济管理干部学院学报,2000,12(4):40-42.

[77] 王立勇. 我国财政政策调控有效性的定量评价[J]. 财贸经济,2010(9):52-57.

[78] 李红艳,宋世方. 财政政策的挤出效应分析[J]. 华东经济管理,1999,13(6):4-5.

[79] 刘溶沧,马拴友. 赤字、国债与经济增长关系的实证分析——兼评积极财政政策是否有挤出效应[J]. 经济研究,2001(2):13-19.

[80] 张丹. 私人消费、地方政府支出与政府偿债能力——基于面板模型的财政政策"凯恩斯效应"的检验[J]. 当代经济,2010(14):12-15.

[81] 陈享光,袁辉.2009 年我国宏观经济研究的最新进展[J]. 当代经济管理,2010, 32(4):1-7.

[82] 杨君昌. 对我国财政政策有效性的若干看法——凯恩斯主义者与货币主义者在财政政策上的分歧及其启示[J]. 当代财经,2002(1):22-25.

[83] 余根钱. 关于 2000 年总量调控政策适宜力度的测算[J]. 统计研究,2000(1):3-11.

[84] 胡荣涛,郑逢波. 关于民间投资的体制性障碍分析[J]. 经济经纬,2003(2):84-86.

[85] 马拴友. 积极财政政策的效应评价[J]. 经济评论,2001(6):33-37.

[86] 储德银,黄文正. 财政政策的非凯恩斯效应[J]. 经济学动态,2010(10):97-101.

[87] 方红生,张军. 中国财政政策非线性稳定效应:理论和证据[J]. 管理世界,2010(2): 10-24.

[88] 郭庆旺,贾俊雪. 积极财政政策对区域经济增长与差异的影响[J]. 中国软科学, 2005(7):46-53.

[89] 杨俊,王燕. 积极财政政策与私人投资关系的区域差异——基于中国东、中、西部面板数据的检验与分析[J]. 财经科学,2007(5):118-124.

[90] 陈洪灿,黄敬前. 积极财政政策回顾、评析与抉择[J]. 市场经济研究,2004(1): 26-30.

[91] 杨巧. 积极财政政策效应实证检验——基于我国 90 年代末积极财政政策的分析[J]. 消费导刊,2007(10):45-46.

[92] 吴超林. 积极财政政策增长效应的制度条件分析[J]. 世界经济,2001(12):55-62.

[93] 卢文鹏.降息、赤字与当前宏观经济政策的操作空间[J].财经科学,2002(3):1-5.
[94] 王林辉,董直庆.技术进步和就业增长关联效应:基于 MS-VAR 模型的动态分析[J].社会科学战线,2011(1):67-74.
[95] 刘斌,张怀清.我国产出缺口的估计[J].金融研究,2001(10):69-77.
[96] 田杰棠.近年来财政扩张挤出效应的实证分析[J].财贸研究,2002(3):80-82,114.
[97] 财政部办公厅积极财政政策课题组.近期经济形势和财政政策选择[J].中国投资,2001(8):20-25.
[98] 方红生,郭林.中国财政政策对居民消费的非线性效应:理论和实证[J].经济问题,2010(9):10-14.
[99] 张少杰.应对当下金融危机的财政政策效应及选择[J].求是学刊,2009,36(3):62-65.
[100] 靳春平.财政政策效应的空间差异性与地区经济增长[J].管理世界,2007(7),47-56.
[101] 张明喜,高倚云.我国财政政策非线性效应的理论探讨与检验[J].财贸研究,2008,19(5):56-63.
[102] 邓家姝,刘建青,张莹.我国财政政策宏观经济效应研究[J].财政研究,2011(2):53-55.
[103] 付伯颖.促进就业的财政政策研究[D].大连:东北财经大学,2007.
[104] 李永友,丛树海.居民消费与中国财政政策的有效性:基于居民最优消费决策行为的经验分析[J].世界经济,2006(5):54-64.
[105] 郭建强.略论资金相对剩余、制度缺陷与财政政策效果的"挤出"[J].经济问题,2008(1):24-26,34.
[106] 吕炜,储德银.财政政策对私人消费需求的非线性效应:基于 OECD 跨国面板数据的经验分析[J].经济社会体制比较,2011(1):79-87.
[107] 董直庆,夏小迪.我国通货膨胀和股市周期波动共变性和非一致性再检验[J].经济学家,2010(3):73-80.
[108] 王立勇,韩丽娜.国际金融危机启示与我国宏观调控效率提升对策研究[J].社会科学辑刊,2010(4):131-135.
[109] 刁厚勤.论财政政策的三种挤出效应[J].东岳论丛,2002(2):22-25.
[110] 赵丽芬.论财政政策手段及政策效应[J].中央财政金融学院学报,1996(10):57-60.
[111] 莫燕,刘朝马.科技投入结构分析及比较研究[J].科学学与科学技术管理,2003,(4):39-41.
[112] 陆惠琴.科研院所科技投入体制改革对策研究[J].科技管理研究,2000(5):78-80.
[113] 王立勇,刘文革.财政政策非线性效应及其解释——兼论巴罗-格罗斯曼宏观一般非均衡模型在中国的适用性[J].经济研究,2009,44(7):65-78.
[114] 张明喜,高倚云.我国财政政策非线性效应的理论探讨与检验[J].财贸研究,2008,19(5):56-63.

[115] 李永友. 财政政策的凯恩斯效应与非凯恩斯效应[J]. 上海财经大学学报,2008(2): 63-70.

[116] 邓瑛,朱新蓉. 金融危机对传统政府宏观调控方式的质疑:美国的启示[J]. 上海金融, 2009(7):56-60.

[117] 乐伟兵,朱和平. 无锡市自主创新财税政策的绩效评价研究[J]. 现代经济信息, 2008(1):170-171.

[118] 周任. 我国财政货币政策的作用空间及组合效用研究[J]. 宏观经济研究,2011(3): 39-44.

[119] 胡永刚,杨智峰. 财政农业支出对农村产出与居民消费影响的 SVAR 分析[J]. 数量经济技术经济研究,2009,26(7):19-32,46.

[120] 苗永旺. 金融危机救助方案及其效果评价——基于美国新金融危机与大萧条历史比较的视角[J]. 投资研究,2009(12):72-77.

[121] 吴辰. 科技投入强度指标的国际比较研究[J]. 中国科技论坛,2003(3):57-58.

[122] 江国钧,牟发兵. 湖北财政科技投入模式研究[J]. 湖北社会科学,2003(12): 48-51.

[123] 马晓红. 提高福建科技投入产出效益的政策选择[J]. 福建省社会主义学院学报, 2002(1):21-23.

[124] 胡汉军,刘穷志. 我国财政政策对于城乡居民收入不公平的再分配效应研究[J]. 中国软科学,2009(9):54-59.

[125] 黄德权. 加入基尼系数的 IS-LM 模型分析——收入分配因素影响宏观经济的模型分析[J]. 经济评论,2008(1):64-67.

[126] 包金花. 公共财政与产业结构调整[J]. 赤峰学院学报(自然科学版),2008(9): 129-132.

[127] 王文甫. 价格粘性、流动性约束与中国财政政策的宏观效应——动态新凯恩斯主义视角[J]. 管理世界,2010(9):11-25.

[128] 闫家怡,袁家森,卢百魁. 中国环境保护财政政策的现状及问题分析[J]. 环境科学与管理,2007(6):21-24.

[129] 李向军,解学成. 引入金融创新的 IS-LM 模型:金融危机求解[J]. 中央财经大学学报,2010(2):39-44.

[130] 中国经济研究中心课题组,陈小琳,徐立,等. 2009 年中国金融政策执行效果分析[J]. 上海财经大学学报,2010,12(1):52-60.

[131] 方雯,崔蕊,胡芳. 国际金融危机下我国积极财政政策的效应评析[J]. 特区经济, 2010(3):68-69.

[132] 黄志刚. 中间汇率制度下货币、财政政策效应比较及政策建议[J]. 技术经济,2009, 28(4):94-101.

[133] 彭鹏,李丽亚. 我国财政科技投入现状分析和对策研究[J]. 中国科技论坛, 2003(6):17-21.

[134] 杨桂梅,李树人. 优化投入方式与结构 用好财政科技资金[J]. 山西科技,2000(3):

22-23.

[135] 王立勇,李富强.我国相机抉择财政政策效应非对称性的实证研究[J].数量经济技术经济研究,2009,26(1):58-66.

[136] 王宸,盛琴雯.M-F模型下政策效应分析在我国的应用[J].时代金融,2009(8):27-28.

[137] 苗永旺,王亮亮.金融危机救助方案及其效果评价——基于美国新金融危机与大萧条历史比较的视角[J].世界经济研究,2009(12):44-49,85.

[138] 崔淑萍.财政政策的选择与微观效应传导[J].商业经济,2007(1):80-81.

[139] 黄亭亭,杨伟.衰退时期的财政政策效应:政府投资转向与民间投资成长[J].金融研究,2010(3):56-66.

[140] DAVID P, HALL B, TOOLE A A. Is Public R&D a Cmplement or Substitute for Private R&D? A Review of the Econometric Evidence[J]. Research Policy, 2000,29(4-5):497-529.

[141] BRONWYN H H. The Financing of Research and Development [J]. Oxford Review of Economic Policy,2002,18(1):35-51.

[142] BRONWYN H H, REENEN J V. How Effective Are Fiscal Incentives for R&D? A Review of the Evidence[J]. Research Policy, 2000(29):449.

[143] MANSFIELD E, SWITZER L. Effects of Federal Support on Company-Financed R and D:The Case of Energy[J]. Management Science,1984,30(5):562-571.

[144] BAILY M N, LAWRENCE R Z. Tax Incentives for R&D: What Do the Data Tell Us[J]. Council on Research and Technology, 1992(4):113-125.

[145] GUELLEC D, POTTELSBERGHE B V. The Impact of Public R&D Expenditure on Business R&D[J]. Economics of Innovation and New Technology,2003,12(3):225-243.

[146] GORDON R. Can High Personal Tax Rates Encourage Entrepreneurial Activity? [J]. IMF Staff Papers, 1998(1):45.

[147] 曾国祥.税收政策与企业科技创新[J].财贸经济,2001(3):34-39.

[148] 石林芬,何榕,刘莹.R&D的税收激励政策与构成要素——基于OECD国家的设计经验[J].中国科技论坛,2003,11(6):87.

[149] 胡卫,熊鸿军.R&D税收刺激——原理、评估方法和政策含义[J].管理科学,2005,2(1):84-91.

[150] 张桂玲,左浩泓.对我国现行科技税收激励政策的归纳分析[J].中国科技论坛,2005,5(3):37-39.

[151] 陈晓,方保荣.对增值税转型的几点逆向思考[J].税务研究,2001(5):26-30.

[152] 吴秀波.税收激励对R&D投资的影响:实证分析与政策工具选拔[J].研究与发展管理,2003,15(1):36-41.

[153] 黄鲁成,张红彩,王彤.我国研发支出的影响因素分析[J].研究与发展管理,2005,17(6):90-95.

[154] MURRAY G. A policy Response to Regional Disparities in the Supply of Risk Capital to New Technology-based Firms in the European Union: the European Seed Capital Fund Scheme[J]. Regional Studies, 1998(12):405.

[155] 范柏乃,沈荣芳,陈德棉.发展我国风险投资业的障碍因素与法律对策研究[J].预测,2001(1):44-49.

[156] 王锐.概念化的中国风险投资[J].科技创业,2002(9):102-103.

[157] 辜胜阻,曾庆福.我国风险投资制约因素及其战略对策[J].中国软科学,2003(11):6-12.

[158] 萨克森宁.地区优势:硅谷和128公路地区的文化与竞争[M].上海:上海远东出版社,1994.

[159] KORTUM S,LERNER J. Does Venture Capital Spur Innovation? [J]. NBER Working Papers,1998(11):20.

[160] TOMAS H,MANJU P. The Interaction between Product Market and Financing Strategy:The Role of Venture Capital[J]. 1999(5).

[161] WINSTON T H K,FRANCIS K. Venture Capital and Economic Growth:An Industry Overview and Singapore's Experience[J]. Singapore Economic Review, 2002(2),243-267.

[162] BIGONESS W J,PERREAULT W D. A Conceptual Paradigm and Approach for the Study of Innovators[J]. Academy of Management Journal, 1981(24):68-82.

[163] UTTERBACK J M,ABERNATHY W J. A Dynamic Model of Process and Product Innovation[J]. The International of Management Science, 1975(3):639-656.

[164] ETTILE J E,REZA E M. Organizational Integration and Process Innovation[J]. Academy of Management Journal ,1992,35(4):795-827.

[165] PAPINNIEMI J. Creating a Model of Process Innovation for Reengineering of Business and Manufacturing [J]. International Journal of Production, 1999(2):95-101.

[166] 吴贵生.技术创新管理[M].北京:清华大学出版社,2000.

[167] 卢建波,王颖,伦学廷.我国中小企业工艺创新中存在的问题及对策分析[J].技术经济与管理研究,2003(4):47-48.

[168] 赵颖,戴淑芬.意大利模式对促进我国家族企业技术创新的启示[J].现代管理科学,2005(6):61-62.

[169] GIACOMO B, BARRY H. Intensity of Competition and the Choice between Product and Process Innovation[J]. International Journal of Industrial Organization,1998(16):495-510.

[170] 方爱华,王洪清.大规模定制模式下的产品创新与工艺创新的轻重关系[J].科技进步与对策,2002(4):11-13.

[171] 赵兴林,盛锋,刘庚田.强化工艺工作,提高产品的市场竞争力[J].机械工人.冷加工,2003(9):89.

[172] 赵娥君,蔡敏之.工艺创新是现代企业发展的前提[J].杭州应用工程技术学院学报,2000(3):62-64.

[173] 曹砚辉,梅其君.关于中小企业工艺创新的思考[J].科技管理研究,2001(2):34-35,45.

[174] 陈珊珊.企业工艺创新发展的重要性及关注点[J].科技创业月刊,2005(11):19-20.

[175] 许庆瑞,陈劲.中国技术创新与技术管理展望[J].管理工程学报,1997(S1):2-9.

[176] 古利平,张宗益.中国制造业的产业发展和创新模式[J].科学学研究,2006,24(2):202-206.

[177] DAVENPORT T H. Process Innovation: Reengineering Work Through Information Technology[M]. Cambridge: Harvard Business School Press,1992.

[178] 傅家骥,姜彦福,雷家啸.技术创新[M].北京:企业管理出版社,1992.

[179] 曼昆.经济学原理(下册)[M].梁小民,译.北京:机械工业出版社,2003.

[180] 王传纶,高培勇.当代西方财政经济理论[M].北京:商务印书馆,1998.

[181] 曼斯菲尔德,杨昀晖.知识财产、技术与经济增长[J].现代外国哲学社会科学文摘,1989(7),17-20.

[182] 多西,弗里曼,纳尔逊,等.技术进步与经济理论[M].钟学义,沈利生,陈平,等译.北京:经济科学出版社,1992.

[183] 余志良,谢洪明.技术创新政策理论的研究评述[J].科学管理研究,2003(6):32-37.

[184] WEATHERS J M, FOSTER W A, SWINSON W F, et al. Integeration of Laser-Speckle and Finite-Element Techniques of Stress Analysis[J]. Experimental Mechanics,1985(3):20-24.

[185] 斯密.国民财富的性质和原因的研究(上卷)[M].郭大力,王亚南,译.上海:商务印书馆,1972.

[186] 王春法.技术创新政策:理论基础与工具选择——美国和日本的比较研究[M].北京:经济科学出版社,1998.

[187] 赵中建.创新引领世界:美国创新和竞争力战略[M].上海:华东师范大学出版社,2021.

[188] HERBIG P A. Innovation Japanese Style[M]. Westport: Quorum Books,1995.

[189] 柯茨.资本主义的模式[M].南京:江苏人民出版社,2001.

[190] 余志良,谢洪明.技术创新政策理论的研究评述[J].科学管理研究,2003(6):32-37.

[191] 托马斯.对策论及其应用[M].北京:解放军出版社,1988.